gerhard fuchs (hrsg.)

literatur und kleinformat

Österreichische
Gegenwartsautoren in der
»Neuen Kronen Zeitung«
1972–1981

Residenz Verlag

Inhalt

Alfred Kolleritsch
Editorische Notiz ... 9
Gerhard Fuchs
Einleitung ... 11

47 Beiträge aus den Jahren 1972–1981

Herbert Achternbusch
Erinnerung ... 22
Wolfgang Bauer
Herbstglosse ... 27
Ernst M. Binder
Stilleben ... 30
Alois Brandstetter
Lieber Kolleritsch! ... 33
Franz Buchrieser
lieb ... kannst ... sein 37
Günter Eichberger
Lesen Sie das nicht! ... 40
Wolf-Dieter Eigner
Alle Jahre wieder ... 44
Helmut Eisendle
Spontaner Brief aus Berlin ... 48
Sanfte Tage in Triest ... 52
Steirischer Morgen ... 56
Gustav Ernst
Worüber ich von Zeit zu Zeit
wenigstens bestürzt bin ... 60

Gunter Falk
Tagebuch eines Alltags (1. Morgen) 63
Landleben – City Life 66
Barbara Frischmuth
Zeitgenossen 70
Graz, wie es bleibt und sich bläht 74
Reinhard P. Gruber
gruber, ein leben für die heimat 78
Frankfurter Würstelmesse 82
Neues von Beteigeuze 86
Ingram Hartinger
Sommer in Graz 90
Raoul Hausmann
Aufruf zur Fantasie 93
Wilhelm Hengstler
Donald Duck 97
Arbeitsmoral 101
»Kalendergekritzel« 105
Klaus Hoffer
[Ohne Titel] 108
Franz Innerhofer
Sprache als Zuflucht 112
Gert Jonke
Beginnender Badetag 116
Alfred Kolleritsch
[Ohne Titel] 120
Südsteirisches 122
Vom Tod der Genüsse 126
Das Leben eine Schule 130

Zum 50. Geburtstag
Alfred Kolleritschs 134

Georg Rudolf Lind
Mundartstudien 138

Peter Matejka
Grazer Tagebuch 142
Friederike Mayröcker
in den boxhimmel, sagt er 146
Manfred Mixner
Ein Steirer in Rendsburg 150
Wolfgang Pollanz
Tourrorismus 154
Peter Rosei
Goodbye Vienna 158
Gerhard Roth
Erste Leseerlebnisse 161
Alfred Paul Schmidt
Schmutziger Lorbeer 165
Leben und Leiden 168
Wer schreibt, hat mehr vom Leben 171
Karin Struck
Begierde auf Einzelheiten 174
Hans Trummer
Anmerkungen zur Kleinstadt –
Am Beispiel Bruck an der Mur 178
Peter Weibel
Frei fühlen 182
Franz Weinzettl
Die großen und kleinen Bestürzungen 186
Urs Widmer
Steirisches Tagebuch 190
Fremder Stern 194

Biobibliographische Angaben und
Annotationen des Herausgebers 197

Gesamtverzeichnis
aller »Kronen-Zeitungs«-Beiträge
nach Autoren 227

Editorische Notiz

Eines Tages im Jahr 1972 ist Ernst Trost zu mir in die Wohnung gekommen und hat mich eingeweiht, daß die »Kronen Zeitung« eine Grazer Ausgabe plane.

Hans Dichand, der die Erweiterung des Feuilletons vorbereite, werde mich ersuchen, in Zusammenarbeit mit Ernst Trost eine wöchentliche Seite einzurichten, um Schriftstellern, vorzüglich solchen, die einen Graz-Bezug hätten, eine gut bezahlte Veröffentlichungsmöglichkeit zu bieten. Zuerst lief das unter dem Namen »Konfrontationen«. Ab März 1973 wurden sie vorübergehend auf eine Spalte gekürzt: »Aufgrund der sich anbahnenden Koexistenz zwischen der ›Kleinen Zeitung‹ und uns in der Steiermark, war der Mai als Termin für die Bremsung unserer redaktionellen Expansion vorgesehen. Nun hat sich in den Gesprächen ein früherer Termin ergeben.« (Brief von Hans Dichand v. 26. Februar 1973). Im Jahr darauf mutierten die »Konfrontationen« zur strengeren Form des »Tagebuchs«.

Die Reaktionen der anderen in Graz erscheinenden Zeitungen waren nicht gerade freundlich. Es wurde der Versuch unternommen, mich von meinem Entschluß, bei der »Kronen Zeitung« mitzuarbeiten, abzubringen.

Es siegte dann doch die Einsicht, daß für die Autoren die Chance, sich an ein großes Publikum zu wenden, erhalten bleiben soll. Die Literaten von Graz waren ja nicht verwöhnt. Man sprach zwar von der Hauptstadt der deutschsprachigen Literatur, aber die Schlagzeile deckte sich nicht mit dem Ruf, den die junge Literatur hier hatte.

Das Schicksal der »Tagebücher« verlief wechselhaft. Mitunter war es schwierig, Woche für Woche das Kontinuum zu wahren, der Kreis der Mitarbeiter wurde erweitert. Mit der Zeit ergab sich ein buntes Bild, ein Experiment verwirklichte sich. Es endete ...: Es hat der Literatur gedient. Dieser Band soll die Erinnerung an diese Zeit wachrufen.

Alfred Kolleritsch

GERHARD FUCHS

Einleitung

Das Verhältnis zwischen der »Neuen Kronen Zeitung« und wichtigen Exponenten der österreichischen Gegenwartsliteratur wie Elfriede Jelinek oder Gerhard Roth ist (und war – Thomas Bernhard!) bekanntlich ein höchst gespanntes: »Staberl« Richard Nimmerrichter oder der Verseschmied Wolf Martin sorgten im Lauf der Jahre für entsprechend unqualifizierte Hetzartikel gegen »linke Staatsdichter« und »Nestbeschmutzer«. Elfriede Jelinek schrieb kürzlich in einem in der »Süddeutschen« publizierten, furiosen Generalangriff auf die »Kronen Zeitung« allgemein (und Hans Dichand im speziellen): »Die Massen lesen die Kronenzeitung, das heißt, sie hören sich selber beim Denken zu, ohne zu ahnen, daß man ihnen nur gibt, was sie je, immer schon gedacht haben, im Gegenteil, sie freuen sich, daß es welche gibt, die sagen, was sie immer schon gesagt haben, nur besser, schneller, schwärzer, und damit wird der Prozeß des Denkens abgebrochen, noch ehe er beginnen kann.«[1]

Die Abneigung und die Distanz der meisten österreichischen Intellektuellen gegenüber den verdummenden, manipulativen Praktiken eines marktbeherrschenden Boulevardblatts (Reichweite 2001: 44 Prozent) dürften gegenwärtig, zumindest was prominente Schriftsteller angeht, einmütig sein.

Demgegenüber dokumentiert dieser Band eine in der österreichischen Presse- wie auch Literaturgeschichte

1 Elfriede Jelinek: Hier sitz' ich, forme ein Menschenpaket nach meinem Bilde. In: Süddeutsche Zeitung v. 9.3.2002, S. 17.

einigermaßen solitäre Kooperation zwischen dieser Zeitung und GegenwartsautorInnen. Seit dem 1.10.1972, dem ersten Tag des Erscheinens der steirischen Regionalausgabe der »Neuen Kronen Zeitung«, betreute der Grazer »manuskripte«-Herausgeber Alfred Kolleritsch – inzwischen nach wie vor agiler Siebziger – eine wöchentliche Literaturseite »Konfrontationen«, die ab dem 31.8.1974 »Tagebuch« betitelt wurde. Diese Seite erschien dann einigermaßen regelmäßig Samstag oder auch Sonntag bis zum 24.5.1981.

Initiiert wurde dieses außergewöhnlich langlebige Projekt durch den Zeitungsherausgeber Hans Dichand und seinen Mitarbeiter Ernst Trost, der parallel zu den steirischen »Konfrontationen« gesamtösterreichisch mit einer feuilletonistischen Wochenend-Beilage startete, die sich ebenfalls gegenüber der aktuellen österreichischen Literatur aufgeschlossen zeigte.[2] In der Steiermark war für die Regional-Mutation der erfolgreichen »Kronen Zeitung« von vornherein ein beinharter Konkurrenzkampf mit der alteingesessenen »Kleinen Zeitung« zu erwarten gewesen. In der personellen Besetzung der Lokalredaktion und in der inhaltlichen Konzeption von Berichten und Serien sollte vor allem eine regionale Verankerung demonstriert werden, die der von Wien aus offensiv in die Bundesländer ausgreifenden »Kronen Zeitung« von den »Platzhirschen« abgesprochen wurde. Bei den »Konfrontationen« war der Regionalbezug allerdings – im Gegensatz zu den späteren »Tagebüchern« – nicht so sehr an

2 »Tagebuch« war eine entsprechende Literaturseite im von Ernst Trost betreuten »Sonntags-Feuilleton« (später »Wochen-Feuilleton«) betitelt, das ebenfalls mit dem Stichtag 1. Oktober 1972 der gesamtösterreichischen Ausgabe der »Neuen Kronen Zeitung« beigelegt wurde und es auf 53 Ausgaben brachte. U. a. verfaßten H. C. Artmann, Wolfgang Bauer, Alois Brandstetter, Helmut Eisendle, Elfriede Jelinek, Alfred Kolleritsch, Friederike Mayröcker, Helmut Qualtinger und Peter Turrini solche »Tagebücher«. Strukturierung und Layout waren beispielgebend für die dann von Alfred Kolleritsch betreute Serie.

den Themen der Beiträge abzulesen als an der Autorenauswahl. Provinziell war die Riege der von Alfred Kolleritsch für die »Kronen Zeitung« selektierten AutorInnen allerdings nicht: Die Literatur der »Grazer Gruppe« rund um den Kristallisationspunkt »manuskripte« wurde Anfang der 70er Jahre im deutschen Literaturbetrieb zunehmend bekannt, SchriftstellerInnen aus Graz repräsentierten die junge österreichische Literatur, und das »Forum Stadtpark« war im Begriff, zur ersten Anlaufadresse für das überregionale Feuilleton zu werden. Ein Gutteil dieser AutorInnen schrieb nun »für« die »Kronen Zeitung«. In der Reihe »Konfrontationen« erschienen beispielsweise Texte von Wolfgang Bauer, Franz Buchrieser, Helmut Eisendle, Barbara Frischmuth, Reinhard P. Gruber, Peter Handke, Bernhard Hüttenegger, Wilhelm Hengstler, Klaus Hoffer, Alfred Kolleritsch, Gerhard Roth und Alfred Paul Schmidt. Wolfi Bauer brachte es zu einer eigenen Kolumne mit zahlreichen Artikeln (»Wenn Sie mich fragen«, 1973/74 und 1976/77)[3], und Reinhard P. Gruber war ab 1973 für einige Jahre Kulturredakteur und auch Kolumnist bei der »Krone«. Der Grundstock an AutorInnen aus der grünen Mark wurde fallweise ergänzt durch weitere österreichische – z.B. Gerhard Amanshauser, Gustav Ernst, Raoul Hausmann, Peter Matejka, Friederike Mayröcker, Helmut Zenker – und auswärtige – Beat Brechbühl, Franz Hohler, Karin Struck, Urs Widmer – BeiträgerInnen. Für die AutorInnen war diese Tageszeitung zunächst einmal schlicht aus finanziellen Motiven attraktiv. Veröffentlichungen in den »Konfrontationen« und später im »Tagebuch« waren für damalige Usancen

3 Eine umfangreiche Auswahl von 56 »Wenn Sie mich fragen«-Kolumnen ist abgedruckt in: Wolfgang Bauer: Werke in sieben Bänden. Hrsg. v. Gerhard Melzer. Bd. 6: Kurzprosa, Essays und Kritiken. Mit einem Nachwort von Rolf Schwendter. Graz/Wien: Droschl 1989, S. 151–263. Die drei von Wolfgang Bauer verfaßten »Tagebuch«-Beiträge (vgl. Gesamtverzeichnis) finden sich ebenfalls in diesem Band, der »Konfrontationen«-Text »Herbstglosse« wird hier abgedruckt.

sehr gut bezahlt. Der zu verfertigende Text war nicht sehr lang und hatte dann später beim »Tagebuch« textsortenspezifische Voraussetzungen zu erfüllen. Darüber hinaus wurde ein Publikum erreicht, das sich sonst gegenüber der Gegenwartsliteratur wohl eher abstinent zeigte – programmatisch formuliert durch den initiativen Herausgeber Alfred Kolleritsch als Versuch, »die Kluft zwischen den Tageszeitungen und den in elitären Ecken Schreibenden zu schließen«[4]. Dazu kam wohl auch eine binnenkommunikative Funktion: Der Autoren-Freundeskreis rund um das »Forum Stadtpark« verfügte nunmehr über eine Plattform für die kurzfristige öffentliche literarische Artikulation: per Tageszeitung konnte allwöchentlich ein Blick in die Werkstatt der Kollegen geworfen, entstehende Texte, private Überlegungen oder aktuelle Stellungnahmen beobachtet, beeinsprucht oder kommentiert werden (auch wenn die publizierten intertextuellen Reaktionen rar sind). Vorbehalte gegenüber der Mitarbeit in einer Boulevardzeitung[5] waren bei einzelnen AutorInnen allerdings durchaus auch gegeben, so daß die Text- und Mitarbeitersuchen des Herausgebers nicht immer Gehör fanden. Wie auch aus der Editorischen Notiz von Alfred Kolleritsch hervorgeht, kam es im März 1973 zur Kürzung der »Konfrontationen« auf eine Spalte; offenbar

4 Den »Konfrontationen« war jeweils eine von Alfred Kolleritsch gezeichnete Anmerkung beigefügt: »An dieser Stelle wollen wir einmal in der Woche unsere Leser mit Arbeiten namhafter Autoren und Kritiker konfrontieren. Wir versuchen damit, die Kluft zwischen den Tageszeitungen und den in elitären Ecken Schreibenden zu schließen.«

5 Ein Artikel des seinerzeitigen Chefredakteurs Gerhard Vuckovic hatte beispielsweise 1973 für erheblichen Unmut unter den Autoren gesorgt. Ein Freund Gerhard Roths habe sich umzubringen versucht, nachdem der Schriftsteller den Suicid durch eine Figur in einem entstehenden Theaterstück fiktional vorweggenommen habe (»Prophezeiten Selbstmord danach im Auto versucht«, 26.9.1973, S. 9). Dichand versuchte die Wogen durch entsprechende interne Kritik zu glätten. Artikel wie die »Staberl«-Kolumne »Prominente von Bachers Gnaden« (27.7.1974, S. 2), die gegen Peter Handke mobil machte, verstärkten die Irritationen.

sollte durch eine Reduktion des Regionalteils eine friedlichere Koexistenz mit der »Kleinen Zeitung« angestrebt werden. Mit Gustav Ernsts polemischer Reflexion zur Situation von Schriftstellern vom 18.11.1973 (»Worüber ich von Zeit zu Zeit wenigstens bestürzt bin«) wurde die Kolumne wieder zu einer kompletten Literaturseite ausgeweitet, Bedenken hinsichtlich der Konkurrenz schienen keine Rolle mehr zu spielen.

Wie die in diesem Band abgedruckten Beiträge zeigen, versammelten die »Konfrontationen« höchst unterschiedliche Textsorten: (utopische) Manifeste und philosophische Reflexionen (Raoul Hausmann, Karin Struck, Peter Weibel); Werkstattberichte und Textausschnitte (Alois Brandstetter); launige Alltagsfeuilletons (Wolfgang Bauer); Autobiographisches (Herbert Achternbusch, Reinhard P. Gruber), gesellschafts- und kulturkritische Polemiken (Franz Buchrieser, Gustav Ernst, Franz Innerhofer), literaturtheoretische Reflexionen (Alfred Kolleritsch), Erzählungen (Barbara Frischmuth). Dazu kamen noch Rezensionen, Reiseberichte, Architekturkritik usw. Viele Beiträge in den »Konfrontationen« entstanden im Zusammenhang mit eben entstehenden Arbeiten und vermittelten einen Eindruck von der aktuellen literarischen Positionierung. Die Autoren- und Textselektion läßt den Schluß zu, daß Konzessionen an den breiten Lesergeschmack durchaus gemacht werden mußten. Zwar wird die von vielen AutorInnen favorisierte Kleinschreibung übernommen, sprachlich experimentelle Texte aber sind im Rahmen der »Konfrontationen« kaum zu verzeichnen – mit Ausnahme des abgedruckten Beitrags von Friederike Mayröcker (»in den boxhimmel, sagte er«). Als »Tagebuch« wurde in der Folge ein weiterer Text dieser Autorin von Hans Dichand, der sich die Letztentscheidung über einen Abdruck vorbehielt, nicht akzeptiert, trotz privater Hochschätzung: »Unseren Lesern aber können wir sie nicht verkaufen. Das tut mir leid. An so extremen Stil müssen die Leser langsam, im Lauf von Jahren herangebracht werden. Anders geht es nicht. Für unsere Leser in der Steiermark ist es zweifellos zu früh.«[6]

Die Pluralität der AutorInnen, Themen und Darstellungsformen sowie die großteils literarisierte Sprachgebung dürften im Herbst 1974 zur Umbenennung in »Tagebuch« geführt haben. Nunmehr waren die Vorgaben für die Texte klarer definiert: vorrangig steirische AutorInnen, Bezugnahme auf regionale Themen,[7] Erfüllung der Gattungsnormen (Zeiteinheit ein Tag; geringe zeitliche Distanz zum Beschriebenen; Wiedergabe subjektiver Erlebnisse, Empfindungen und Einschätzungen aus dem Alltagsleben des Verfassers). Dazu kamen drei allgemeine Kennzeichen von Tagebucheintragungen, die für eine Tageszeitung erfolgversprechend schienen: die Aktualität, prinzipielle Abgeschlossenheit und sprachliche Nähe zur Alltagsprosa. Hans Dichand »überwachte« im Sinn des von ihm geforderten hohen Wiedererkennungswerts der Literaturseite die Erfüllung der im Vergleich zu den »Konfrontationen« präziseren Vorgaben und verweigerte ab und zu – gegen Kolleritschs Vorschlag – den Abdruck unter Zahlung eines Ausfallshonorars, so etwa 1975 bei einzelnen »Tagebüchern« von Wilhelm Hengstler, Klaus Hoffer, Bernhard Hüttenegger und Alfred Paul Schmidt. Begründungen für eine Ablehnung waren aus Sicht des Herausgebers meist überzogene Polemik, fehlender Steiermark-Bezug, sprachliche Preziosität oder Nicht-Einhaltung des »Tagebuch«-Rahmens.[8]

6 Brief von Hans Dichand an Alfred Kolleritsch v. 23.11.1974.

7 »Wir müßten doch darauf achten, daß entweder die Autoren Steirer sind, in diesem Fall müssen ihre Eindrücke ja nicht die Steiermark betreffen, oder die Autoren sind Nichtsteirer, in diesem Fall müßte das Tagebuch steirische Dinge behandeln.« Brief von Hans Dichand an Alfred Kolleritsch v. 6.9.1974.

8 Diese Ablehnungen und ihre Begründungen gehen aus dem Briefwechsel Kolleritsch–Dichand hervor.

Es muß allerdings festgehalten werden, daß solche Zurückweisungen Einzelfälle blieben, stets Texte und nicht Autoren sanktioniert wurden und der Herausgeber Kolleritsch weitgehend freie Hand bei der Rekrutierung der Beiträge hatte.

Zu den AutorInnen der »Konfrontationen« kamen weitere aus dem Umfeld der »manuskripte« und des »Forum Stadtpark«; auch junge Nachwuchskräfte, die später nicht weiter literarisch hervortraten, erhielten eine Publikationschance. Trotz des Korsetts »Tagebuch« blieb die Bandbreite der veröffentlichten Texte vielfältig. Abgedruckt werden in dieser Auswahl etwa: Schilderungen aus dem privaten Alltag (Gunter Falk, Ernst M. Binder, Klaus Hoffer, Gert Jonke, Peter Rosei, Alfred Paul Schmidt, Franz Weinzettl); Graz-Tagebücher auswärtiger Autoren (Peter Matejka, Urs Widmer); Reise- und Erlebnisberichte aus Berlin und Triest (Helmut Eisendle), Frankfurt (Reinhard P. Gruber), Rendsburg (Manfred Mixner); ein ironischer Leser-Dialog (Günter Eichberger); Rückblicke auf die private Lesesozialisation (Wilhelm Hengstler, Gerhard Roth); Essays über Urlaub (Wolf-Dieter Eigner), Tourismus (Wolfgang Pollanz), Kochen (Alfred Kolleritsch), Populärkultur (Wilhelm Hengstler, Alfred Paul Schmidt) und natürlich Texte über regionale Themen wie Mundart (Georg Rudolf Lind), Landleben (Helmut Eisendle, Gunter Falk), Psychiatrie (Ingram Hartinger) oder Kleinstadt-Tristesse (Hans Trummer).

Politische Agitation oder das Provozieren/Aufdecken von Skandalen, also eine operative Aufgabenstellung für Literatur, waren kaum zu verzeichnen. »Tagesgespräch« wurden die «Tagebuch«-Texte nicht. Ein direkter verkaufssteigernder Effekt der steirischen Literaturseite darf bezweifelt werden. Eher wurde mit der langjährigen Akzeptanz seitens des die Blattlinie bestimmenden Zeitungsherausgebers eine Strategie unterstützt, die sich gegen die alteingesessenen, biederen Parteizeitungen (»Südost-Tagespost«, »Neue Zeit«) und die dominierende, eher klerikal-konservative »Kleine Zeitung« richtete. Die steirische Ausgabe der »Kronen Zeitung« sollte neben der traditionellen »Hausmeister«-Klientel junge Leser ansprechen: eine gewisse moralische Freizügigkeit, der antiautoritäre Gestus und die schwungvolle Schreibweise, die viele Reportagen und Serien charakterisierten, transportierten neue, positiv besetzte Werte der »Kreisky-Ära«: Selbstbestimmung, Aufgeschlossenheit und Modernität. Diese Dynamik wurde vor allem auch durch die Meinungskommentare von Kolumnisten mit individuellem Profil und durch fixe, eigenständige Rubriken (wie der Literaturseite) erzeugt – die »Kronen Zeitung« interessierte sich weniger für die neutrale Nachricht selbst als für die lebensweltliche Einbettung per Bewertung, Emotionalisierung und Unterhaltung.[9] Daß darüber hinaus die damals gegen die reaktionären Ideologien der korrekten persönlichen Lebensführung ins Treffen geführte »Liberalität« von den Zeitungsmachern her weniger einem politisch aufklärerischen Sendungsbewußtsein[10] als einem beinharten Kalkül der Leser- und Profitmaximierung entsprang, stand auf einem anderen Blatt, eben sicher nicht in diesem.

9 »Zu den vielen Pensionisten unter unseren Lesern ist die Jugend gestoßen. Mehr Kolumnisten als in irgendeiner anderen Tageszeitung sprechen täglich auf individuell-unabhängige Art bestimmte Leserschichten an. Dadurch wurde die ‚Kronen Zeitung' eine geschriebene Zeitung; sie beschränkte sich nicht mehr auf die Weitergabe von Informationen.« Hans Dichand: Kronen Zeitung. Die Geschichte eines Erfolgs. Wien: Orac 1977, S. 222.

10 »Die Neue Kronen Zeitung ist das Zentralorgan der österreichischen Gegen-Aufklärung, und zwar in einer durchaus historischen Dimension: Alles, was die österreichische Gegen-Aufklärung im Laufe der Geschichte zu sagen hatte, ist in der Krone gesammelt, modernisiert, das heißt, an die Gegebenheiten des heutigen Mediengeschäfts angepaßt und um das zeitgemäß Rückständige vermehrt.« Franz Schuh: Kaiserwetter im April. In: Das österreichische Format. Kulturkritische Beiträge zur Analyse des Medienerfolges »Neue Kronen Zeitung«. Hrsg. v. Peter A. Bruck. Wien: Edition Atelier 1991, S. 67.

Die fast 400 Beiträge, die insgesamt in beiden Serien 1972 bis 1981 erschienen sind, stammen von 74 AutorInnen, wobei sich allerdings im Lauf der Jahre ein bestimmtes »Stammpersonal« herauskristallisierte. Zahlenmäßige Spitzenreiter waren Wilhelm Hengstler (53), Alfred Paul Schmidt (50), Bernhard Hüttenegger (32)[11] und Reinhard P. Gruber (29); von 32 AutorInnen erschien nur ein einziger Beitrag.

Der Großteil der Texte war bislang für die Öffentlichkeit unzugänglich, weil sie kaum anderweitig publiziert wurden.[12] Die Selektion erfolgte vor allem nach der Anzahl der Publikationen und der Repräsentativität für den Autorenkorpus oder eine bestimmte Textgruppe. Es wurden fast ausschließlich m.W. bislang nicht wieder abgedruckte Beiträge ausgewählt.[13] Illustriert werden die Texte durch das damalige Zeitungs-Foto. Etwaige Unrichtigkeiten und Druckfehler wurden stillschweigend korrigiert.

Der Anhang offeriert eine Kurzbiographie der AutorInnen und eine Bibliographie der Buchpublikationen, bei der Vollständigkeit im Detail zwar nicht angestrebt wurde, die (teils recht umfängliche) Aufzählung aller wichtigen Schriften aber doch einen Eindruck von der Bandbreite der literarischen Produktion geben soll. Dazu

11 Von Bernhard Hüttenegger konnte leider keine Abdruckgenehmigung erwirkt werden.

12 Die Zeitung selbst druckte Ende 1975 die meisten der bis zum August erschienenen »Steirischen Tagebücher« als Gratisbroschüre im Faksimile. Außer von Wolfgang Bauer liegen noch von weiteren Autoren (jeweils unvollständige) Sammlungen ihrer »Kronen-Zeitungs«-Artikel vor: Reinhard P. Gruber: Werke. Hrsg. v. Maximilian Droschl. Bd. 6: Die Vorgänge bei der Betrachtung. Gesammelte Prosa. 1979–1986. Graz/Wien: Droschl 2001. (4 Texte); Bernhard Hüttenegger: Verfolgung der Traumräuber. Tagesverläufe. Graz: Droschl 1980. (18 Texte); Gerhard Roth: Die schönen Bilder beim Trabrennen. Frankfurt/M.: Fischer 1982. (= Fischer Taschenbuch. 5400.) (9 Texte). Franz Weinzettl: Das Glück zwischendurch. Prosa und Verse. Wien: Edition Korrespondenzen 2001. (2 Texte)

13 Anderweitig publiziert wurden mit geringen Veränderungen die Texte von Friederike Mayröcker und Gerhard Roth, revidiert bzw. ergänzt jene von Herbert Achternbusch und Gert Jonke. Zu diesen Drucknachweisen vgl. den Anhang.

wurden bei manchen Beiträgen kurze Kommentare angefügt, die für bestimmte Textstellen das Verständnis erleichtern oder die verarbeiteten Quellen zitieren. Sprachliche Eigenheiten (Austriazismen) werden bewußt nicht erläutert.

Erstellt wurde schließlich noch ein Gesamtverzeichnis aller innerhalb der von Alfred Kolleritsch herausgegebenen Serien »Konfrontationen« und »Tagebuch« erschienenen Beiträge, sortiert nach AutorInnen.

47 Beiträge
aus den Jahren 1972–1981

HERBERT ACHTERNBUSCH

Erinnerung

Ich bin ohne elektrisches Licht aufgewachsen. An einem Sonntag wie heute sitzt mein Vater in seiner Hütte und blickt in den grauen Schnee, in seinem zahnlosen Mund hängt ein pfeifenähnliches Rauchgerät. Im Ofen schnalzt das Kienholz der Kienstöcke, die er im Sommer im Wald ausgegraben hat, wenn ihn das Arbeitsamt nicht auf Montage schickte. Meine Mutter wird kreischen wie von Kind an, als sie ein Messer in die Brust bekam, das ihr niemand herausgezogen hat. Zu Mittag wird meine Mutter ein Sauerkraut gekocht haben, wie immer ohne Geschmack, weil ohne Fleisch. Als ich noch bei ihr war, brannte ihr jeder Pudding an. Nie wieder will ich ihr pappiges Haar sehen. Mein Vater hat gerne die Rosa gesehen. Fröstelnd hat sie sich eines Tages was auf der Brücke geholt, doch bis sie dem Ungesund nachgeben und sterben mußte, hat sich noch schnell ihr Kindertraum erfüllt, in einem Pfarrhof die Böden aufwischen. Als sie noch im Lebensmittelgeschäft angestellt war, nahm sie meinem Vater zuliebe Pfeifentabak in die Bestellung auf. Das war's. Das Glück meiner Mutter stand nie zur Debatte.

Als ich nicht mehr wuchs, bekam ich den Spitznamen Einmetergroß. Mein Vater wird vergessen haben, warum ihn einmal fünf Gendarmen schlugen: er hatte mich mit in den Wald genommen, hatte sich in die Erde gegraben und mich am Abend vergessen, weil ich unter einem Tännling schlief, als er sein Werkzeug einsammelte und nach Hause ging. Der wird schon zuher kommen, sagte er seiner Frau. Ich schlief die ganze Nacht im Wald. Am nächsten Morgen verständigte der Bauer, auf dessen Grund unsere Hütte stand, die Polizei. Die kam und zog den Vater im Wohnzimmer des Bauern aus, an seinem Körper Spuren einer Gegenwehr des Sohnes zu finden, an dem sich der Vater nach Ansicht der Gendarmen vergangen hatte, und ihn daraufhin weggeputzt. Da er nichts sagte, schlugen sie ihn. Die Bauernfamilie drängte sich am Fenster der Tür zur Küche. Ich tauchte wieder auf und wurde vom Lehrer fotografiert. Auf dem Foto sah ich aus wie im Traum. Ich wußte noch nicht, daß ich mein ganzes Leben in Arbeit hingeben mußte, damit es verpulvert wird. Nichts glich der Hilflosigkeit des Geästs unseres Apfelbaums an Verworrenheit. Doch manchmal kam mir Buben das Speiben vorm Grausen, und ich erholte mich bei den Haseln am nahen Wald. Zärtlich waren sie zu mir wie eine Geliebte, ohne mir mit Pfennigabsätzen auf den Zehen zu stehen. In meiner Jugend gewann nur das Geschlecht an Größe und war kaum noch vor der Öffentlichkeit zu verbergen.

Ich kam vom Land in die Stadt und nahm jede Arbeit an. München machte mich noch kleiner. Am Stachus müde, am Lenbachplatz verzagt, vorm Wittelsbacherbrunnen machtlos. Ich schlich unten an der Maxburg vorbei und schien mich in der Briennerstraße zu verlieren. Von Banken angefeindet. An den mich mit Hochmut überschüttenden Kirchen, den in der Theatinerstraße mich verspottenden Geschäften vorbeigekommen, ungestraft, wie durch ein Wunder von keiner Anrede, nach der ich mich sehnte, verletzt, bildete ich mir ein, daß ich auf dem Trottoir geduldet sei, bis mich doch Blicke trafen und ich mich auf die Straße gedrängt fühlte, wo ich in der Mitte blieb, weil ich nicht wußte, wohin, aber auch nicht zusammengefahren werden wollte. Die Hand in der Hosentasche, hielt ich den Stundenlohn. Ich mußte das Geld in keinem Lokal ausgeben. Mein Geld schrie nicht: Laß mich aus! Wenn ich mir wieder beim Räucheronkel Wurst für zwei Semmeln kaufte? Wenn ich sowieso keinen Durst hatte? Ich konnte in der Wärme mit Winterschuhen zufrieden sein. Meine Hose hielt sich länger. Ich sonderte mich durch diese Überlegenheit ab. Mir war es ein Vorteil, daß ich der Menschheit in der Dienerstraße unbekannt war. Ich spürte ein Recht dadurch, daß ich mit den schmerzenden Fingerknöcheln eines Hilfsarbeiters den Zeitlauf nicht mitbestimmte, wenn ich auch noch nicht wußte, ein Recht worauf. Rettete mich diese mieseste Öffentlichkeit nicht wenigstens vor daheim? Nur nicht im Bett liegen, um dann nicht zu wissen, an welches Mädchen denken bei der Onanie. Oder allein trinken und auf ein ungewisses Weltende warten wollen.

Ich hatte nicht einmal so viel Kultur, daß ich um ein Mädchen werben konnte, wenn vor mir ihr Arsch die Hose spannte. Darum kniff ich doch weg von der Türkenstraße ins Kino, weil ich auch leben wollte. 1327mal bin ich im Kino gewesen und nicht annähernd oft bei Frauen gelegen. Alle Frauen, mit denen du schläfst, werden sowieso zum Vorspiel einer Niegegebenen. Von Frauen taucht später nichts auf als die Veränderung, die sie an dir bewirkt haben: rascheres Altern. Wahllos in Filme gekommen, für die ich zu dumm gewesen wäre, hätte ich Hinweise gelesen, die sich irgendein Schlaumeier abgeklemmt hat, kam ich in Filme, die ich sonst nie gesehen hätte. »Das Schweigen« zum Beispiel von Ingmar Bergman ist von einer Pressekampagne für immer an mir vorbeiinterpretiert worden. Wer entschädigt mich für diesen Verlust? Im Kino will ich nicht denken, sondern sehen. Im

Kino will ich mich spüren. Auf ein Kino, in dem ich mich nicht wieder meiner Gefühlswelt vergewissern kann, pfeif' ich. Vom Kino verlange ich ein Rechtsempfinden zurück. Zur Erhaltung meines Lebens war immer das Kino nötig. Zu viel ist mir in die Träume abgewandert. Flüchtlingsprobleme verstand ich erst durch »Casablanca« von Michael Curtiz. Erst nach Reinhard Hauffs »Die Verrohung des Franz Blum« konnte ich mich der beunruhigenden Nähe der Gefängnisse erwehren. Ich mußte das meiste auf der Leinwand sehen, weil ich nicht so viel Zeit zum Schlafen hatte, all die Begünstigungen, die mich tagsüber ansegelten, in Träumen abzutakeln.

Bislang war ich nichts als ein altes Friedhofsgespenst auf der Welt gewesen. Ich mußte mich rühren, wenn mich schon niemand berührte. Als Lastwagenfahrer zum Beispiel irgendwo über Land in der Nacht für immer verschwinden, ohne mir das jemals vorgestellt zu haben? Nein, ich wartete nicht, bis irgend jemand ein Wort über mich verlor, damit es mich überhaupt gab. Ich hatte keine Wahl und brauchte deshalb kein Gewissen. So bog ich von dem krummen Eisen in meiner Brust etwas nach außen. Über meine Bücher lernte ich neue Menschen kennen, mit denen ich nicht reden konnte. Ich fing in der Gaststätte Leopold zu trinken an und forderte sie ebenfalls dazu auf, damit ich ihnen ungehemmt zuhören konnte. Heute weiche ich auch nüchtern keinem Argument, wenn ich eindeutig fühle, daß es Mist ist. Rigoros bediene ich mich dessen, was in mir steckt. Und das waren die Filme im Türkendolch, die mich in meinem Daseinswahn gestärkt haben. Auf dem Totenlager oder unter irgendeinem Auto, soweit das Hirn nicht ganz zerfetzt ist, werde ich Bilder aus der »Barfüßigen Gräfin« von Mankiewicz sehen. Und wenn die letzten Wellen aus meinem Kopf weichen, oszillieren sie hoffentlich noch irgendwie Bilder aus der »African Queen« von John Huston. Katherine

Hepburn möge dann bitte noch einmal zu Humphrey Bogart »Charlie« sagen. Nur Themen der Todesstunde wurden mir zur Filmstunde.

WOLFGANG BAUER

Herbstglosse

Wenn wir sagen, jetzt kommt der Herbst, dann ist er meist schon da, sind die Blätter bunt und die Bäder geschlossen. Weißer Morgennebel will oft erst nach dem Mittagessen der kleinen gelben Sonne weichen, die Maronibrater stehen schon längst in ihren heißen, halbgeöffneten Holzbuden, und einzelne Regentropfen sind bereits verdächtig weiß; und wir sagen einfach: Jetzt wird's Herbst.

Ist es nicht oft so im Leben, daß wir Zustände (weniger vielleicht Jahreszeiten – obiges schrieb ich nur zum aktuellen Anlaß) erst wahrnehmen, wenn sie schon in ihrer ganzen Faßbarkeit und ihrer vollen (bedrohlichen!) Breite da, kondensiert sind?! Ein Beispiel, das vielleicht allen meinen Lesern bestens bekannt sein dürfte: Zahnschmerzen.

Mir tat des längeren schon mein linker oberer Weisheitszahn weh. Bei Heiß, bei Kalt, sogar wenn ich Konfekt naschte oder mir nach getaner journalistischer Arbeit ein Sachertörtchen gönnte. Ein jäher Schmerz (Warnsignal des Körpers!), doch bald wieder vergessen und »verdrängt«. Geh doch mal zum Zahnarzt, riet mir mein Freund, sowas kann gefährlich werden! Ich gebe es offen zu: Ich schlug den gutgemeinten Rat meines Freundes mit einer lässigen Handbewegung in den Wind. Tags darauf, besser nachts darauf, ich arbeitete gerade an einer meiner Glossen, die noch in die Morgenausgabe »reinmußte«, überkamen mich die wahnsinnigsten Zahnschmerzen. Der Körper machte ernst. Schweißgebadet schüttelte ich mich an der Schreibmaschine, keine meiner sonst nicht gerade geistlosen Metaphern wollte mir in den Kopf. Nur der Schmerz war da, hielt mich in seinen Krallen wie ein Geier den Hasen. Unter Tantalusqualen feilte ich meine Glosse zu Ende (offengestanden, es wurde meine schwächste, doch was ein echter Kolumnist ist, kennt keine Schmerzen: »The show goes on!« Ich erinnere an Olympia 72!). Schnell Taxi am Morgen, in die Redaktion und dann: zum Zahnarzt. »Wie siehst denn du aus?« begrüßte mich der Doktor höhnisch (ich sah aus wie ein Fesselballon!). Der erfahrene Mediziner aber dachte gar nicht daran, mich zu trösten! Bevor er mir noch die erlösende Injektion verabreichte (wie leicht haben wir es heute gegen früher!), ließ er auf mich armes Bündel noch eine Schimpfkanonade herab, die ich niemals zeitlebens vergessen werde. Es WAR ZU SPÄT! Der Weisheitszahn mußte extrahiert werden!

Nun, werter Leser, weißt du schon, wo ich mit meiner so harmlos begonnenen »Herbstglosse« hinaus will?

Ein kleiner Junge ohrfeigt am Spielplatz ein noch jüngeres Kind. Die Passanten lachen, manch einer meint vielleicht: Ein Spitzbua! oder so ein »Lauser«, oder gar »a gsunds Kind«! Keiner aber geht zu dem kleinen, unwissenden und triebbefohlenen Kind und sagt: Das darfst du nicht tun oder gibt ihm einen ermahnenden und verdienten Klaps auf die Wange! Lieber ein Kopfstückl mehr als eins zu wenig, sag' ich mir ... denn der Lauser wächst, der kleine Spitzbua wird ein großer Spitzbua, trägt im Gesicht einen frechen Schnurrbart und hält in der Hand die Granate ...

Einmal warf ich eine leere Schachtel meiner Zigarettensorte zum Autofenster hinaus. Ein älterer Mopedfahrer holte mich an der nächsten Kreuzung ein und schimpfte mit mir. Ich gab mutwillig Gas und verlor den Mahner aus den Augen. Erst diesen Herbst dachte ich wieder an ihn: und nach längerer Überlegung kam ich zum Schluß, daß er recht gehabt hatte. Wenn jedermann einfach alles, was er nicht mehr braucht, einfach schwupps wegwerfen würde? Eine Marlboroschachtel macht noch keinen Sommer, könnte man sagen ..., doch wir Menschen sind nicht allein auf der Welt. Wir sind Milliarden trotz Pille, Terror und Krieg! Diesen Herbst erst gedachte ich des Mopedfahrers. Der Herbst ist die Zeit des Nachdenkens, der Rekapitulation. Der Herbst ist der Maler unter den Jahreszeiten, doch oft ist der Nebelschleier über Wies und Feld nicht hochzeitlich weiß, oft trägt er die Farbe des Todes ... und die Maler sind wir, meint

Ihr Glossus.

12. November 1972 (»Konfrontationen«)

ERNST M. BINDER

Stilleben

Jetzt wird das dürre Stroh am Flußufer verbrannt. Überall stehen Kinder und alte Leute herum und betrachten das Feuer. Wenn der Wind umschlägt und der Rauch ihnen zutreibt, husten sie. Dann laufen die Kinder fort. Die alten Leute aber drehen sich bedächtig um, scheu, als ob man sie bei einer verbotenen Tat ertappte, und schlendern müde irgendwohin. Nach einer halben Stunde kommen sie wieder zurück. Manchmal habe ich den Eindruck, daß sie immer auf der Suche nach Geschehnissen sind, die nie passieren können.

Das Getreide ist längst eingebracht, brach liegen Felder und Äcker im müden Licht der späten Herbsttage. Leg deinen Schatten auf die Sonnenuhren, hat schon Rilke geschrieben. Kahl und blattlos strecken sich die Äste der Bäume gegen den Himmel. Mit meinen Schuhen durchfurche ich während des Gehens die braun-grün-roten Blätter. Als es zu dunkeln beginnt, mache ich kehrt und gehe zurück zum Haus meiner Großmutter.

In der Küche setze ich mich zum Tisch. Meine Großmutter setzt sich, nachdem sie für mich Most aus dem Keller geholt hat, zu mir. Wir tauschen Erinnerungen aus. Sie erzählt Geschichten aus ihrer Kindheit: von einem Schloß in der Nähe von Fehring: von einer Gräfin, die dieses Schloß in Monte Carlo im Kasino verspielt habe; vom sonntäglichen Kirchgang ins zwei Gehstunden entfernte Riegersburg. Und obwohl ich alle diese Geschichten schon kenne, erscheinen sie mir jedes Mal neu und unverbraucht, als würde ich sie nicht kennen.

Meine Großmutter erzählt lebhaft. Nach kurzer Zeit beginnen sich ihre Wangen zu röten. Die eine Hand liegt ruhig auf dem Tisch, mit der anderen streichelt sie das bauschige Fell einer auf ihrem Schoß liegenden Katze. Die Wehmut, mit der sie von der Zeit spricht, wo der zur Wirtschaft gehörige Grund noch nicht verpachtet war und noch Kühe und Schweine im jetzt leeren Stall untergebracht waren, greift auch auf mich über. Es gelingt ihr, mir ein Bild von DAMALS zu vermitteln, mein Wissen aus Geschichtsbüchern und Romanen zu ergänzen. Es ist nie die GUTE ALTE ZEIT, von der sie spricht. Dazu steht sie trotz ihres hohen Alters viel zu sehr im alltäglichen Leben.

Die Arbeit geht ihr freilich schwerer von der Hand, dennoch ist die Küche immer sauber, und an selbstgebackenen Kuchen und Mehlspeisen mangelt es nie. Manchmal klagt sie zwar über Müdigkeit, aber ich bin überzeugt davon, daß sie diesem ununterbrochenen Tätigsein ihre Vitalität verdankt. Sie weiß, daß sie gebraucht wird.

Als der Onkel in die Stube tritt, bereitet sie gerade das Abendessen zu. Onkel Martin, wie er von den Familienangehörigen genannt wird, hat sich im Lauf der Jahre eine Tischlerei aufgebaut. Die Wirtschaft trägt's nicht. Unwillkürlich tauchen vor meinem geistigen Auge die klobigen Hände meines Großvaters auf, der schon lange tot ist. Ich sehe ihn seine Büchse schultern; vermeine, seine Schritte auf dem Holzboden zu hören. In meiner Erinnerung ist er fest verankert als derjenige, der mir immer und überall, wann und wo ich ihn auch getroffen habe, einen RACHENPUTZER zusteckte. Rachenputzer sind diese schwarzen, intensiv riechenden pickigen Zuckerl, die inzwischen nicht pickigen, sterilen Hustenbonbons gewichen sind.

Wir essen, Onkel Martin blättert die Zeitung durch. Im Herd knistert das Feuer. Mit Romantik hat das wenig zu tun, mit Nostalgie noch weniger. Wenn man so will, paßt ohnehin ALLES zusammen: die Kredenz aus Eichenholz wird einer Kredenz mit farbigen Spanplatten weichen; der Holzboden wird herausgerissen und durch einen Spannteppich ersetzt werden; die Zentralheizung und die Kochplatte werden die Funktion des Ofens übernehmen.

Ich will hier an dieser Stelle keine Zurück-aufs-Land-Parolen verbreiten, aber doch zu bedenken geben, daß es eine unbestrittene Tatsache ist, daß zum Beispiel Landkommunen die am wenigsten drogenabhängige Bevölkerungsschicht der USA sind. Es wäre übertrieben, von einer Landflucht in Österreich zu sprechen, doch finde ich, daß sich Resignation breitmacht unter den Kleinbauern, die neben der Arbeit auf dem Hof oft noch in einer Fabrik arbeiten müssen, damit sie und ihre Familien ihr Auslangen finden. Immer mehr Lebensmittel werden maschinell erzeugt; die Beziehung zur Erde ist größtenteils schon verlorengegangen. Leerstehende Gehöfte sind Zeugnis einer der Natur entfremdeten Kultur; Brauchtum fast nur noch kommerzialisiert in diversen Bierzelten und auf Feuerwehrfesten gegen Entgelt erhältlich.

Ich hole Holz aus der Scheune und lege mich schlafen. Es ist spät. Der Hund des Nachbarn bellt und zerrt an seiner Kette. Weiter weg bellt kurz darauf ein anderer. Es tut gut, zu wissen, daß es Menschen gibt, in denen Vergangenes und Gegenwärtiges nicht zwei sich gegenüberliegende Pole, sondern eine untrennbare Einheit darstellen, die ein bewußtes Leben widerspiegelt.

12. Dezember 1976 (»Tagebuch«)

ALOIS BRANDSTETTER

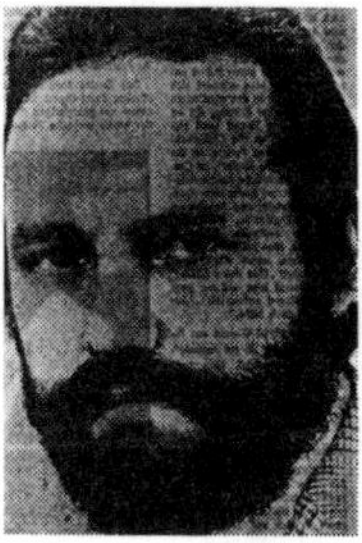

Lieber Kolleritsch!

Bei den heurigen Rauriser Literaturtagen las ich ein Kapitel aus meinem im Herbst im Residenz Verlag erscheinenden Roman »ZU LASTEN DER BRIEFTRÄGER«. Der ORF übertrug im Fernsehen am 30. März in der Sendung »Kultur speziell« einen Teil dieser Lesung. Kapitelüberschrift: FLEISCHBESCHAU. Selbstzitat: »Der Tierarzt findet durch die Fleischbank alles UNBEDENKLICH. Und wenn ihm einmal ein Stück aber wirklich gar nicht gefallen will, dann stempelt er schließlich aus Gefälligkeit gegenüber seinem Freund, dem Fleischhauer, doch auch sein UNBEDENKLICH. Vielleicht, daß er einen Augenblick zögert, aber wirklich nur einen Augenblick. ›Was schaust denn so dumm?‹ fragt der Fleischhauer. ›Ach nichts‹, sagt der Fleischbeschauer. ›Mein Geist ist ja willig‹, sagt der Fleischbeschauer zum Fleischhauer, ›aber dein Fleisch ist schwach ... ‹« Und gegen Schluß heißt es: »Da müssen die Leberegel und die Trichinen schon sehr weit gediehen und sehr kräftig sein, wenn der Herr Doktor einmal etwas nicht UNBEDENKLICH finden soll. Da müssen die Leberegel und die Trichinen schon laut und vernehmlich ›Grüß Gott, Herr Doktor‹ sagen, wenn er das Schlachthaus betritt ...«

Lieber Kolleritsch, seither habe ich Trouble. Von meinem Pichler Wirt und Fleischhauer, wo ich immer zu

Mittag esse, wurde ich am Tag nach der Sendung kaum noch gegrüßt. Schließlich sagte die Wirtin: Daß du denn immer gegen wen losgehen mußt! Schließlich beschwerten sich Tierärzte schriftlich: Beeinträchtigung des Berufsbildes der Veterinärmediziner in der Öffentlichkeit. Diffamierung, Du weißt schon. Die Fleischhauer sind im Augenblick noch ruhig, wetzen aber wahrscheinlich auch schon die Messer. Da ich nicht jedem einzelnen schriftlich antworten kann, wäre ich Dir dankbar, wenn ich Deine Literaturseite in der »Kronen Zeitung« einmal für eine Art öffentlicher Erklärung mißbrauchen könnte. Für mich wäre das zugleich eine gute Möglichkeit zu kostenloser Selbstreklame, ohne daß es jemand merkt. Vergessen wir bitte den Flachs und werden wir ernst. Mir liegt nämlich vor allem an der Feststellung, daß jede Beziehung zu wirklichen Personen, etwa dem mit mir befreundeten Pichler Tierarzt oder meinen tierärztlichen Verwandten in Deiner Gegend (Oststeiermark), nicht nur zufällig wäre, sondern schlechterdings undenkbar ist. Obwohl es in meinem Buch nicht an wirklicher Gesellschaftskritik fehlen wird, ist doch gerade das Kapitel über die Fleischbeschau und das, was der Unzufriedene über sie vorbringt, von einer großen Spitzfindigkeit, Verstiegenheit, skurrilen Übertreibung. Tierarzt und Fleischhauer unterhalten sich während der Fleischbeschau über das Kartenspielen und übersehen alles. Der Fleischhauer sagt unter anderem: »Eine Made im Speck hat im Leben noch keinem geschadet.« Ein Fleischhauer, der solches Fleisch unter die Leute brächte, wäre sicher kein guter Kaufmann, weil ihm die Kunden wegsterben würden. Und einem Tierarzt, der in der dargestellten Art grob fahrlässig verfahren würde, könnte über kurz oder lang wohl auch sein anderer Freund, der Inspektor, nicht mehr helfen. Die karikaturistische Vergröberung fängt dort an, wo die Interessen der Allgemeinheit und die Interessen des einzelnen, des Fleischhauers beziehungsweise des Tierarztes, der ihm zu Willen ist, als diametral entgegengesetzt hingestellt werden. »Von Hygiene hast du aber noch nie was gehört«, sagt der Tierarzt zum Fleischhauer, als er sich in den Ärmel schneuzt (»stehend freihändig« haben wir als Kinder diese Schneuzmethode genannt). »Von wem?« fragt der Fleischhauer. »Ich habe es immer nur mit meiner Marlene zu tun.« Aber nun, natürlich, meine lieben Fleischhauer, weiß ich, daß auch die Hygiene eine Reklame ist und durchaus auch im Interesse des Fleischhauers liegt. Ich glaube, man muß gar nicht erst den Humor bemühen, um das Berufsbild der Fleischhauer und der Tierärzte da nicht herabgesetzt zu sehen. Vielleicht noch dies zur Verdeutlichung meiner Methode im allgemeinen: Ich habe den Beschwerdeführer beim Bericht über die Fleischbeschau wie auch sonst die Position des Laien einnehmen lassen, der die fachlichen Routinen mißversteht. Ich denke in diesem Zusammenhang an den bekannten gelungenen Sketch, wo ein mit der katholischen Liturgie unvertrauter Ungläubiger über eine Messe berichtet und die ganze liturgische Handlung als einen Kampf um das Birett auffaßt, das der Lausbub von Ministrant zu Anfang verlegt hat.

Etwas ähnlich Versöhnliches, wie es meinem sanften Gemüt entspricht, habe ich auch dem Zentralverband der Tierärzte Österreichs mitgeteilt, praktisch alles als Kunst ausgegeben und zurückgenommen, aus Überzeugung, nicht Taktik. Und jetzt stell Dir meine Überraschung vor, als ich aus der Salzburger Gegend einen Brief bekomme. Da schreibt mir jemand, der vom Fach ist und es besser wissen müßte: »Wie Sie schreiben, so ist es, woher haben Sie nur die genauen Kenntnisse!« usw. Jetzt frage ich mich natürlich wirklich, ob die Fleischbeschau bloß eine Schau ist, wie ich geschrieben habe.

Herzliche Grüße aus Saarbrücken, auch an Bauer, Roth und Gruber!

Dein Alois Brandstetter

22. Juni 1974 (»Konfrontationen«)

FRANZ BUCHRIESER

lieb ... kannst ... sein ...

kultur und künste haben in österreich, dem herzen europas, eine echte heimstatt. das österreichische volk fördert das kulturelle leben, pflegt alle humanistischen werte seines historischen erbes und die der weltkultur, es entwickelte und entwickelt eine eigene, nationale kultur und betrachtet dies als seine pflicht, seine ureigenste sache. es kämpft gegen die unkultur, die, wie es klar erkannt hat, der herabwürdigung des menschen dient.

charakteristisch für das kulturelle denken und schaffen in österreich ist eine enge verbindung der künstler mit dem volk sowie eine starke hinwendung zu den aktuellen themen unserer gegenwart. alle österreicher sind an der gestaltung eines neuen, positiven menschenbildes zutiefst beteiligt. besonders die einfachen menschen unseres landes sind in den letzten jahren entscheidende partner der künstler unseres landes geworden. das interesse der breiten öffentlichkeit für die probleme der kultur und der kunst nimmt ständig zu. dies zeigen allein schon die hohen besucherzahlen der kunstausstellungen, der rege theaterbesuch, die temperamentvollen öffentlichen diskussionen über neue dramatische, bildnerische oder literarische kunstwerke, die alle bevölkerungskreise zu erfassen begonnen haben. neben diesem bestreben, sich die reinen schätze unserer kultur anzueignen, wächst bei uns das bedürfnis, beinahe in jedem einzelnen, sich selbst künstlerisch oder kreativ zu betätigen, sich auszudrükken, sich verständlich zu machen, zu kommunizieren.

in unseren traditionsreichen theatern besitzt die hohe ensemblekunst weltruf. das burgtheater, die wiener philharmoniker, die wiener sängerknaben gastieren mit großem erfolg in aller welt. die salzburger festspiele sind ein schmelztiegel der international berühmtesten künstler. theatergemeinschaften, musikvereine, literatursymposien legen reges zeugnis ab vom kulturellen engagement aller österreicher: höhepunkte des kulturellen schaffens in unserem lande sind die alljährlich allerorts stattfindenden festspiele. engagierte laiengruppen unter der bewährten führung von lehrern, pfarrern, volksbildnern spielen unter oft dürftigen bedingungen, aber vor kritischem publikum. volksbildungsheime, volkshochschulen und kurse für erwachsenenbildung, alle gebiete des täglichen lebens erfassend, die innere bildung ausbauend, sichern uns, weit vorausblickend und planend, den für unsere zukunft so unumgänglich notwendigen geistigen horizont.

viele österreicher sind ständige leser in einer der stadtbibliotheken, die über einen buchbestand verfügen, dessen umfang in den letzten jahren so angewachsen ist, daß man ihn nur noch schwer zahlenmäßig eruieren kann. beinahe in jeder österreichischen familie findet man ein mitglied einer buchgemeinschaft. neben schöngeistiger literatur humanistischen inhalts aus aller welt werden in den letzten jahren in immer stärkerem maße naturwissenschaftliche, gesellschaftspolitische und sachbücher gelesen. selbst die buchpreise, die für bildungshungrige natürlich immer zu hoch sind, sind dennoch im vergleich zu anderen gütern des täglichen bedarfs relativ niedrig gehalten. man denke nur an die taschenbuchausgaben, die heute wohl für jedermann erschwinglich sind.

erhebliche mittel werden vom staat für die pflege und erhaltung von kulturdenkmälern, nationalen gedenkstätten, zum ausbau von kunstsammlungen und museen aufgebracht. die renovierung alter gebäude, der ensembleschutz, die erhaltung des natürlichen lebensraumes rund um unsere städte steht in vorderster linie auf dem programm unserer bürgerinitiativen.

auch die rasche ausdehnung des fernsehens in österreich trägt auf vielfältige weise mit echtem bemühen zur entwicklung eines regen geistigen kulturellen lebens in unserem lande bei. das österreichische fernsehen strahlt gegenwärtig zwei programme aus, die zu ihrem größten teil bereits aus farbsendungen bestehen. die schwierigkeiten, die in einem solch gebirgigen land wie österreich in der fernsehversorgung entstehen, sind auf dem besten wege, behoben zu werden.

die allseitige entwicklung der menschen unseres landes hat das ziel, die seeleninhalte der menschen nicht verkümmern zu lassen. so sorgt der österreicher mit seiner ausgeprägten moral und seinen hohen geistigen und kulturellen ansprüchen, mit seinem tiefen sinn für alles gute und schöne, für sich selbst.

inschallah.

8. Dezember 1973 (»Konfrontationen«)

GÜNTER EICHBERGER

Lesen Sie das nicht!

Lesen Sie, was Sie wollen, nur nicht diese Zeilen. Ich bitte Sie höflichst, aber bestimmtest darum, lesen Sie das nicht, ich denke dabei nur an Sie, habe nur Ihre Interessen, Ihren Nutzen im Sinn, glauben Sie mir, beenden Sie Ihre Lektüre nach diesem Satz oder Absatz, ein Weiterlesen würde sich in keiner Weise lohnen.

Machen Sie, statt die nächsten kostbaren Minuten mit einer unsinnigen, möglicherweise sogar schädlichen Beschäftigung zu verbringen, einen kleinen feinen Spaziergang, eine Strandpromenade, einen Fitmarsch, eine Berg-und-Tal-Wanderung, besteigen Sie den Schöckl oder einen anderen Gipfel Ihrer Wahl, treiben Sie jedenfalls Sport, das ertüchtigt nicht nur körperlich, sondern verhindert die Entstehung oder gar Ausführung irgendwelcher – zumeist ja erwiesenermaßen törichter – Gedanken, sporteln Sie, trimmen Sie sich, allein oder in Rudeln, treten Sie einem einschlägigen Verein bei, einem Turngevatter-Jahn-Fan-Klub, erwerben Sie eines der vielen, vielen bunten Abzeichen, mit denen Sie Ihr Leistungspotential sichtbar am Rockaufschlag oder Ruderleiberlärmel tragen, sozusagen VORtragen können, befreunden Sie sich mit den Früchten schweißtreibender Bewegung um der Bewegung willen. Seien Sie ein fröhlicher, leichtfüßiger Waldläufer mit Fichtennadeln statt Generalsachselspangen auf den breiten Schultern, keuchen Sie rhythmisch, formen Sie weitgespannte Ächzmelodiebögen, komponieren Sie weitgespannte Muskelkrampfsymphonien, seien Sie ganz Wade, ganz Bein, ein gutgelaunter Bizeps, bilden Sie einen kompakten Multizeps, das ist die rechte Fort- und Weiterbildung.

Oder, wenn Sie die diversen Stätten, die die Sportwelt bedeuten, weder reizen noch erregen und Sie in der muskulösen Vervollkommnung trotz genauester Beobachtung und Prüfung NICHT Ihr Heil erblicken, so züchten Sie doch Rosen, eine vergleichsweise beschauliche, kontemplative Tätigkeit, verbunden mit so schönen wie tiefen Naturerlebnissen, blumigen Abenteuern und erdiger Seligkeit.

Oder, wenn Sie das Humane dem Floristischen vorziehen, wenden Sie sich kommunikativ Ihren jeweiligen Nächsten zu, herzen Sie Kinder, tätscheln Sie Mütter, umhalsen Sie Väter, liebkosen Sie Tanten, verzärteln Sie Onkeln, küssen Sie Nichten, streicheln Sie Neffen, verwickeln Sie sie darüber hinaus in welt- und menschenbewegende Diskussionsthemen, regen Sie sie zu einem für beide Seiten profitablen Gedankenaustausch an, unaufdringlich oder, wenn es nicht anders geht, aufdringlich. Bevorzugen Sie Vokabel wie »Skandal«, »Schmiergeld«, »Parteienfinanzierung«, »Untersuchungsausschuß«, »Sumpf«, »Korruption«, »Mafia«, »Enthüllung«, zeigen Sie sich entrüstet, erschüttert, weinen Sie ein wenig, aber nicht zu gekünstelt.

Seien Sie doch ein Mensch, kein Leser! Setzen Sie sich mit einem duftenden Glas Muskat vor den offenen Kamin, es kann auch ein blumiger Sylvaner, ein rescher Veltliner, ein milder Rheinriesling, ein herber Welschriesling, ein vollmundiger Traminer, ein sauerampfiger Heuriger, ein roter Blaufränkischer (oder was Sie sonst goutieren) sein, der Kamin ist auch nicht allererste dringlichste Bedingung, Sie können Ihr Getränk (Fruchtsaft, Sprudel, Mineral-, Leitungswasser, Bier, Schnaps, Blut) auch stehend einnehmen oder liegend, wie Sie wollen, ich will Ihnen in dieser wie in jeder Hinsicht keine Vorschriften machen. Sind Sie ein Liebhaber starker Tabake, so führen Sie in den Trinkpausen die sorglichst geschnitzte Pfeife zum Mund.

Wie bitte? Eine Spielernatur, ein Hasardeur von Charakter oder gar Profession sind Sie? Na, so spielen Sie doch, spielen Sie, es gibt der Spiele genug! Roulette für finanzstarke Schöngeister, die die elfenbeinerne Kugel im Smokingknopfloch tragen, Schach für die gedankenträgen, dem sogenannten Zufall zugeneigten Freunde des anspruchslosen Glücksspiels, Tarock für Monarchisten, Mensch-ärgere-dich-nicht für Choleriker, Poker für Buster-Keaton-Typen, Billard für Krückstockträger, Schwarzer Peter für Freimaurer, Pfitschigogerl für gewiegte Strategen, Kanaster für Kanaken, Mikado für Feministinnen, Dame für Transvestiten. Ja, das alles und mehr können Sie spielen auf Ehr, 's ist nicht schwer, 's ist nicht schwer. Spielen Sie überhaupt gleich Operette, gestalten Sie Ihr Leben zu einem musikalischen Lustspiel um, tanzen und geigen Sie einen lebenslänglichen Walzer, Rechts- oder Linkswalzer, English Waltz, Wiener Walzer, Donauwalzer, Kaiserwalzer oder einen anderen der was weiß ich wie vielen dreivierteltaktigen Drehwurmpartituren von Johann Strauß Vater und speziell Johann Strauß Sohn. Singen, pfeifen, jodeln, husten Sie dazu, was Ihr diesbezügliches Zeug hält, stampfen, trampeln, schunkeln Sie, denn so ein Tag, der sollte nie vergehn.

Wenn Sie mir wider Erwarten und wider besseres Wissen, alle Warnungen und Bitten in den bewußten Wind schlagend und blasend, bis hierher gefolgt sind, so werden Sie die Bestätigung für die eingangs gemachte Ankündigung wohl schon erhalten haben. Hätten Sie mir nur von Anfang an geglaubt, mir vertraut, ich wußte ja, was Sie erwartet, was Sie zu erwarten haben, nämlich so gut wie nichts. Also sparen Sie sich wenigstens die letzten Zeilen, ich spare mir meine wenig praktikablen Ratschläge und zähle noch schnell bis zehn. Eins, zwei, drei, vier, fünf, sechs, sieben, acht, neun, zehn. Weiter gibt es nichts, was noch anzuführen bliebe. Das ist der Mut zur Pointenlosigkeit.

27. September 1979 (»Tagebuch«)

DIETER EIGNER

Alle Jahre wieder

VOR DER ABREISE

schon seit wochen ist er ein anderer mensch. Er hat die tage am kalender mit rotstift durchgestrichen, weiß die genaue zahl bis zur abreise. die wettervorhersagen werden jetzt zum wichtigsten teil der nachrichten. reiseberichte und karten werden studiert, genaue pläne erstellt, ganze landstriche nach physischer kartographie ins gedächtnis einverleibt. allen bekannten, die ihm während der entscheidenden schlußphase unterkommen, unterbreitet er ausführlich die reiseroute, erklärt ihnen, wie sehr er sich schon freue, wie notwendig es geworden sei, eine ortsveränderung vorzunehmen, eine reise zu machen, klopft, um die garantie seiner worte zu untermauern, auf seine mit ausländischer währung gefüllte brieftasche.

baumentwurzelnd steht er dem leben gegenüber, er, dem bislang die arbeit nicht mehr so recht von der hand gehen wollte, der abends erschöpft auf die matratzen sank. nimmermüde scheint er geradezu allen nötigen wie unnötigen vorkehrungen für die bevorstehende reise nachzukommen. nach mitternacht lernt er noch redewendungen einer sprache, die er bisher noch nie gesprochen hatte, vergißt den übellaunigen trott der vergangenen monate, während der er dem leben nichts mehr abzugewinnen vermocht hatte.

vorbei – er fährt jetzt fort, in ein fremdes land, in welchem fremde menschen leben, in welchem die sonne scheint und das meer angeblich blau sein soll.

dort wird er zur ruhe finden, wird neu zu leben beginnen und dieses leben, nachher, wenn er wieder nach hause zurückgekehrt ist, fortsetzen.

wieder kontrolle über sich haben, keine ausreden, keine mechanisch gewordenen gewohnheiten.

er kauft eine neue zahnbürste, sonnenöl. aus seinem kleiderschrank sucht er die bequemsten sachen, luftige, aber auch wärmere. zwar fährt er in den süden, und um diese jahreszeit ist es dort sehr heiß, doch die tage könnten ja auch kühler werden. er packt seine koffer, wo nicht einmal das notwendigste seinen platz findet, denn das notwendige umfaßt auch alles unnotwendige. er hat wirklich an alles gedacht.

der paß liegt bereit.

DIE REISE

die reise ist lang und beschwerlich. unausgesetzt lasten neue eindrücke auf allen fünf sinnesorganen, er konzentriert sich den ganzen tag auf das neu-leben-zu-müssen.

dieses leben ist wesentlich komplizierter und anstrengender, doch er klopft sich mit beiden fäusten gegen die stirn, wenn er an das leben zu hause denkt.

in nur zwei tagen ist er 2500 km gefahren. jetzt ist er endlich am ziel! noch kann er es nicht fassen, die wirklichkeit scheint ihm wie ein rauschähnlicher zustand.

nach mitternacht erst kommt er zu bett, aber der portier wird nicht vergessen, ihn am nächsten morgen zu wecken, denn er möchte früh aufstehen, früh baden gehen, im sand liegen, sich von der sonne bräunen lassen, menschen kennenlernen, einfach leben, wohlprogrammiert in den urlaubstag hineinleben, keine gelegenheit ungenützt lassen, ständig daran denken, was er sich zum obersten gebot gemacht hat: sich einmal richtig erholen!

die vielzahl der sehenswürdigkeiten, er hat sich alle angesehen, von denselben mehrere ansichtskarten gekauft und deren rückseite mit den üblichen grüßen aus ... versehen.

der kopf, wäre er dehnbar, hätte wegen der ungeheuren wucht der vielfältigen eindrücke die form eines riesigen ballons angenommen, doch so, wie er beschaffen ist, bietet er mit scheinbar unerschöpflicher kapazität immer noch platz genug, um neues aufzunehmen, bis er, es war wieder sehr spät geworden, zu bett geht und nicht mehr darüber nachdenkt, daß der urlaub eigentlich anstrengender geworden war als der trottselige alltag zu hause.

NACH DER REISE

nach der reise fühlt er sich erschöpft und urlaubsreif.

in der nacht hatten ihn seine ehemaligen vorsätze aus bösen alpträumen erwachen lassen. schließlich hätte er an diesem neuen morgen als völlig neugestalteter mensch mit der arbeit beginnen sollen.

er ist gereizt, trinkt gierig seinen starken kaffee und geht, zumindest braungebrannt, den pflichtrufenden weg zu seiner jahrealten arbeit. alle begrüßt er. gerne erzählt er von der reise, von seinen einzigartigen erlebnissen und ladet sie alle ein, ihn zu besuchen, damit er ihnen ausführlicher erzählen und seine vielen fotos zeigen könne. es bedarf keiner frage, ob er sich erholt habe!

öfters betrachtet er im spiegel die bräune seines gesichtes, die ihn von den anderen unterscheidet. noch versucht er einige tage lang ein ähnliches leben wie in den letzten wochen zu führen, doch bald sind es nur noch kärgliche rudimente einer illusion.

eigentlich hat sich nichts geändert! niemand fragt ihn mehr, wie die reise war. der alltag ist wieder zu einem mechanismus geworden, läßt ihm nur wenig zeit, um über die ursachen der nichtverwirklichung seiner vorsätze nachdenken zu können.

er hat viel zu tun. manchmal ist er sehr abgespannt. dann raucht er besonders viel und trinkt mehr kaffee als früher, um sich dadurch besser auf den alltag konzentrieren zu können. er freut sich auf den sonntag, an dem er länger im bett bleiben kann. die illusion, der er für ein paar wochen lang scheinbar habhaft geworden war, hatte sich schon zur gänze wieder verflüchtigt.

6. August 1978 (»Tagebuch«)

HELMUT EISENDLE

Spontaner Brief aus Berlin

Dekadenz, Schlamperei, die Kompromißlosigkeit des immerwährenden Kompromisses, das definitive Provisorium, Kaffee, Weinseligkeit, das Erbgut slawischer, kroatischer, böhmischer, tschechischer, ungarischer, italienischer und deutscher Vorfahren, die Staatsoper, Literatur und Schnaps, Wein und Tod, mein und dein, mir und mich, steirisches Blut und goldenes Herz, Sterz und Schwammerlsuppe, Graz und Leibnitz, Schloßberg und Lückl, Schillerhof und Hauptplatz, Wolfi und Roth, Kinder und Alte, Tage und Nächte, Gassen und Straßen, Jause und Speckbrot. Heute und Heute ist der Begriffshof dessen, was ich Heimat nenne. Ein Sammelsurium aller Eigenschaften, aller Ziele und Fähigkeiten anderer Völker und Nationalitäten mit dem Erfolg der absoluten Uneigenschaft, Unmentalität.

Hier sitze ich nun, tausend Kilometer entfernt von dem ausgetretenen Schuh, den man Österreich nennt. Löchrig liegt er da zwischen den kraftstrotzenden Superstaaten des Ostens und des Westens. Ich, wehmütiger Bürger Österreichs, Verehrer Kaiser Franz Josephs, dessen Bild ober mir hängt, jenes Mannes, der im blauen Rock mit Backenbart und Lächeln bewaffnet zum Trotz der anderen den Riesen zum Zwerg, den Stolz zum Lächeln, den

Aufstieg und Fortschritt zum Häuselbauen und Ratenzahlen verwandelt hat, sitze hier am Scheitel zwischen Ost und West in Berlin und höre mit abwechselndem Grauen die Tüchtigkeit zweier Völker, zweier Systeme, zweier Weltanschauungen, zweier Todfeinde und Brüder durch das Radio klingen und wundere mich, woher sie den Mut nehmen, ist es doch gar nicht so lange her, daß ein Österreicher ...

Ich liebe die Fremdarbeiter, denn sie erinnern mich an Österreich, an ein Wien, das es nie gab, an meine Brüder, die Tschuschen und Kroaten, die Ungarn und Türken, ich rate Dir, Bruder im Süden der Donau, Bruder am Marmarameer, Bruder am Schöckel und Dobratsch, Bruder an Etsch und Eisack, Bruder am Guadalquivir, bleib, wo Du bist, meide das Land der Zukunft, die bauen eine Zukunft, die nicht unsere sein kann. Blut und Ehre, Leistung und Wirtschaft, Ku-damm und Hertie, sie ist anrüchig, daß Du mit deinem steirischen Knoblauchgeruch wie eine Plastik aus Spanisch Leder dastehst. Diese Straßen, Bruder, diese Ramblas des Fortschritts, in denen Dir Neckermann, Woolworth, Hertie, Quelle und Horten die Zukunft verpassen, ich sage Dir, Bruder im Süden, diese Straßen sind das Ende der Welt.

Nur 16 Prozent der Ernte, meldet der Ostdeutsche Rundfunk, sind noch nicht eingebracht, und denke Dir, im Westen, da zahlen sie Dir 10.000 Mark, wenn Du kündigst, Bruder im Süden, ich sage Dir, die sind so tüchtig, edel und voll mit Erfolg, daß Du, Bruder im Süden, nicht mitkannst.

Österreich, du erbsengrüne Mischkulanz zahlloser Generationen, ich liebe dich. Wie hast du es geschafft, mir, deinem Sohn, diese unglaubliche Überlegenheit den Siegern gegenüber einzuimpfen? Ich sage dir, du Irrtum der Geschichte, hier in der endlosen, trostlosen Fremde rastloser Tüchtigkeit, rassischer Folgsamkeit, rasender

Erfolge, kann ich nur hoffen, daß Erdäpfel nicht Kartoffeln, Paradeiser nicht Tomaten, Jause nicht Brotzeit und die Trafik kein Tabakladen werden.

Aber hier in Charlottenburg, wo ich wohne, weit weg von Berlin, hat man noch den Eindruck von Heimat, die Türken und Tschuschen, hier riecht's nach Knoblauch und Gulasch, hier ist der Erfolg eine Ausnahme, hier wird die Gleichgültigkeit der Stadt durch die Klospülung des Nachbarn aus der Welt geschafft, hier in Charlottenburg haben die Leute etwas gegen Kapitalisten und Sozialisten, Anarchisten und Faschisten, hier fluchen sie, wenn du mit hundert Mark zahlen willst, weil sie nur 50 haben, hier in Charlottenburg gibt's ein Weinhaus, hier gibt's noch Kartenspieler und Philosophen, Gauner und Diebe, hier gibt's noch Anstand und Ehre, Bettler und Könige, hier in Charlottenburg gibt es alles, nur keinen Fortschritt. Das macht mir die Gegend gemütlich, hier sitze ich in der Ferne und bin doch daheim, denn hier ist einstmals, im dritten Schlesischen Krieg, ein österreichisches Heer zwei Jahre gesessen und hat den Leuten das Leben erklärt.

Vor einer Woche habe ich einen Steirer kennengelernt, der mir erklärt hat, daß steirisches Blut keine Nudelsuppe sei, außerdem beliefert er mich mit von den Amerikanern gestohlenem oder geschenktem Fleisch, denn er ist Fleischhauer, nicht Metzger, und ist im Griesviertel aufgewachsen.

Unsere Schriftstellerfreunde Gerald Bisinger und Ludwig Harig sind andere Lichtpunkte, überhaupt die österreichische Künstlerkolonie, und wie gesagt, Charlottenburg.

Meine Frau ist stumm, wenn sie an die Heimat denkt, ich schreibe, denn das Schreiben ist auch ein Weg. Morgen ist Sonntag, und wir gehen zum Biserl essen. Ich zitiere Euch ein Gedicht von Nicolas Born, der in Berlin lebt:

»Berlin 41 in einem Augenblick der Sammlung
von Stücken auf einem Blatt Papier
hier sind KOPFSCHMERZEN
sie sind ein Wort geworden in meiner Versammlung
hier ist die EINSAMKEIT DER GRUPPEN
ein Wort geworden
hier ist ein versprengter Autor
hier ist die Freundin mit Auto
hier sind Haus, Hof und Gesang
hier sind Schreibmaschinen für Vietnam
hier ist die große Trilogie der Zweiteilung
Wie erkläre ich dem Hauswart
daß mein Vorhang gerissen ist?
Autoren, Autoren ...«
Berlin sehen, und in Barcelona sterben.

14. September 1974 (»Tagebuch«)

HELMUT EISENDLE

Sanfte Tage in Triest

Ich sitze in einem Triestiner Hinterhof, einem Hinterhof, so, wie sich die Norddeutschen Neapel vorstellen; die Wäsche hängt über den Terrassen, der Putz fällt langsam, gemächlich von den Wänden, die Tauben belästigen, wie überall, jede waagrechte Fläche, das tägliche Fernsehprogramm klingt zu mir, ein kleiner, sich stets wiederholender Ehekonflikt tönt aus dem ersten Stock von gegenüber, zwei schwarze Katzen sitzen auf einem Balkon über mir und beobachten mich, Monica, das dreijährige Mädchen, begrüßt mich mit einem Ciao, am westlichen Ende des Hinterhofes – er ist groß, und ich weiß, daß es der Westen ist, weil dort die Sonne gerade untergeht –, am westlichen Ende sehe ich wie immer die beiden, eine Dame und einen Herrn aus Marmor, sie blicken auf die Piazza Garibaldi, dorthin, wo Slowenen und Kroaten Bluejeans und T-Shirts besorgen, um sie in Laibach oder Agram oder Mostar oder Sarajevo oder Nisch zu verkaufen.

Triest ist eine alte Stadt. Sie hat mehr mit Österreich zu tun, als mir lieb ist. Früher war hier ein großer österreichischer Hafen; das war in der Zeit der Monarchie; heute besitzt Triest einen Hafen, dem die Schiffe, die großen Schiffe, fehlen. Ist das eine oder andere hier und liegt an der Mole, haben die Triestiner Tränen in den Augen und denken: Nostro Kaiser ha fatto tutto buono. Wenn ich entgegne, daß er tot ist und Österreichs Zukunft vom Mitleid größerer Staaten abhängig ist, werden sie zornig und sagen: Unser Kaiser lebt. Österreich ist unsere Hoffnung. Italien hilft uns nicht. Jedesmal bin ich bei dieser Antwort gegangen. Gut, denke ich und hebe lächelnd ein Glas Wein, um auf Österreich zu trinken, gut, Österreich hat eine bedeutsame Geschichte, eine Idee von Gegenwart, doch aber wenig Zukunft. Europa findet ohne es statt.

Triest ist seine eigene Nostalgie; es hat Heimweh nach einer Zeit, die es nicht mehr gibt und auch nicht geben soll. Die Monarchie illusioniert sich selbst in der Geschichte. Die Geschichte. Ich warte auf die Zeit, in der ich auf jenes Land fluchen kann, das Österreich voll Mitleid in sein Reich geschlossen hat. Die besten Österreicher findet man in Triest; sie glauben an die Zukunft.

Wenn auch diese Stadt einiges mit Literatur zu tun hatte, ist es doch nicht deren Marktplatz. Italo Svevo, der aus Deutschland stammende Ettore Schmitz, hat zwar hier »Vom guten alten Herrn und vom schönen Mädchen« geschrieben, James Joyce war in dieser Stadt Englischlehrer, Stendhal unglücklich verliebt, Rilke hat Elegien geschrieben, trotzdem wird nur das als Literatur akzeptiert, was sich auf Österreich und den Kaiser bezieht. Es ist eine Art von Nostalgie, die geradezu klettenhaft an etwas festhält, das vorbei, endgültig vorbei ist; und einen Ersatz kann diese Stadt nicht finden.

Selbst als Fremder neigt man hier leicht, zu leicht, zur Nostalgie; man fühlt sich älter, wie der ältere Herr von Svevo, der platonisch verwirrt ein Mädchen liebt. Ich liebe Triest gleichfalls verwirrt und platonisch.

Es ist heiß. Ich denke an das Meer, vorerst aber an die nächste Bar oder an meinen Kühlschrank. Ich stehe auf, schwerfällig, und hole eine Flasche »Kaiserwasser« – »Acqua Minerale Naturale dell'Imperatore«.

Die Bäder, der Strand sind voll, überfüllt, der Asphaltstrich auf der drei Kilometer langen Felsküste bis zum Schloß Miramare läuft auf vollen Touren, solange die Touristen, die Deutschen und Österreicher, im Land sind. Es ist Saison.

Ich bin mir des Dilemmas bewußt: Wenn es heiß ist wie heute, ist jeder Fleck besetzt; auch die Tenda Rossa, jener steinige Strand, zu dem man über hunderte Steinstufen hinuntersteigen muß, ist heute überfüllt. Es ist heiß, sehr heiß. Ich bleibe in meinem Hinterhof, zwischen der Dusche und dem Kühlschrank, und trinke das Kaiserwasser, zwischendurch ein Glas Wein; Pinot, Cabernet, Merlot, Tokai, der hier nicht aus Ungarn, sondern von einem Weinhügel in der Nähe von Görz stammt. Prost. Der Wein ist die wahre Ehre Italiens. Auch die galoppierende Inflation hat den Wein und seinen Konsum nicht betroffen. Ein Glas kostet so viel wie in Österreich vor fünfzehn Jahren. Salute.

Triest ist eine ruhige Stadt. Sie ist so ruhig, daß man annehmen kann, sie läge im Sterben. Es passiert wenig. Man spricht, spricht vor allem über jenes, was in der Welt, in den anderen Städten geschieht. In Triest passiert nichts. Ausnahmen gibt es allerdings auch hier: Das Goethe-Institut veranstaltet einen Nihilismuskongreß mit (unter anderen) Jean Baudrillard, Gunther Falk, Oswald Wiener; die Universität macht ein semesterlanges Seminar über die Literatur der sogenannten Grazer Gruppe; das »Living Theatre« spielt Brechts »Antigone«; die Bora verwirrt einer Vielzahl von Urlaubsseglern die Regatten; die Stadt macht eine Ausstellung von Giannino Marchig in der Stazione Marittima; auf der Piazza dell' Unità findet Straßentheater statt; im Innenhof des Castello San Giusto sieht man eine Retrospektive mit Filmen des emigrierten Österreichers Erich von Stroheim, Maestro Moser begleitet am Klavier.

Mehr passiert nicht in Triest.

Am Horizont fährt ein Öltanker vorüber und hinterläßt vielleicht einen hauchdünnen Ölfilm.

Ich bleibe in dieser Stadt. Sie ist nahe.

Vor zehn Jahren bin ich von Graz weggezogen; ins katalanische Barcelona, ins preußische Berlin, ins bayrische München, ins friulische Faedis, ins italienisch-slowenische Triest.
Alt werde ich in dieser Gegend, in der Nähe der Steiermark, in der Nähe von Graz.
Die Entfernung ist die Rettung und die Trauer jeder Liebe.
Zum Wohle.

30. August 1980 (»Tagebuch«)

HELMUT EISENDLE

Steirischer Morgen

Ich sitze vor einem Tisch, auf dem eine Kanne Kaffee steht, hinter mir ein südsteirisches Bauernhaus, vor mir die Hügel, hinter denen grad die Sonne aufgeht.
Es ist ein früher ländlicher Morgen. Ein Auto fährt die schmale Straße über den ersten Hügel herunter, am Wegkreuz vorüber, hinunter in den Ort, in die Stadt, zur Arbeit.
Vor dem nahen Wald fährt ein Bauer mit dem Traktor aufs Feld. Äpfel, Wein und Mais.
Vita brevis, ars longa –
das Leben ist kurz, die Kunst ist lang, kommt mir in den Sinn. So beginnen die Aphorismen des Hippokrates, der auch auf dem Lande gelebt hat.
Hier auf dem Lande, denke ich weiter, in der Ferne der grauen Städte, sind das Leben und die Kunst länger; ob es die Kunst ist, Apfelbäume zu schneiden, den Wein zu ernten, ein Feld zu pflügen, aus dem Unterholz des Waldes Brennholz zu machen, ein Getreidefeld zu mähen, Blumen im Garten umzusetzen, Weinfässer zu säubern, Flaschen zu füllen oder vieles andere mehr.
Für einen Städter wie mich, der aufs Land gezogen ist, sind dies Künste, die weitab von der städtischen Kultur etwas Längeres und Besseres darstellen.
Die Kultur der Städte ist kurz wie das Leben in ihnen. Ich denke an jene, in denen ich einige Zeit verbracht habe; ich sehe die bemalten Gesichter, die hinter Gesten ihre Zerstörung verbergen; die Gassen, Straßen, Winkel und Plätze, halbseiden und schillernd mit Phrasen verziert, Graffiti an den Wänden, ich höre die bedeutungslosen

Gespräche, auch über Literatur und Kunst, die Phrasen und das Jahrmarktgeschrei der Mode.

Die Planung und ein Fortschritt, an den keiner mehr glauben kann, haben die Städte und ihre Kultur mit dem Ausstand belegt. Auch die Oper, wie groß sie auch ist, kann darüber nicht mehr hinweghelfen. Die Künstler und Dichter von einst, ob Panizza, Ringelnatz, Graf, Wedekind, Wolfskehl, die Gebrüder Mann, Musil, Kafka, ob Kandinsky, Jawlensky, Franz Marc und Paul Klee, alle haben sie in der Stadt, in München, in Berlin, in Wien, gelebt.

Der heute noch lebende Rest ist kleiner, viele sind aufs Land geflohen; Komparsen beherrschen das Feld; Filmsternchen flimmern am Himmel, Disco-Boys und -Girls machen das, was sie Kultur nennen, in den Citys spürt man den Nepp, der Untergrund gleicht einem Kanal, aus dem es nach Sprit und verbrauchten Gedanken zu stinken beginnt.

Verkommen, verabscheut wartet ein verlorener Kern in den Asylen auf den Mann mit dem Schlüssel. Die Landstreicher sind zu Stadtstreichern geworden. Was dort gesprochen wird, ist ernst oder der Abschied für immer und dennoch viel mehr als die Phrasen und Sätze in den Steakhäusern und Boutiquen. In ihnen spielt sich wie immer schon nichts ab.

Hinein und heraus, ein Bier, ein Whisky, ein Gin, ein paar Schnäpse, nur das Hiersein in der Sammlung von Durchschnitt.

Die andern Lokale, einst aufrechte Gasthäuser, sind voll bis zum Brechen. Die Alternative hat alles erwürgt. Der Kommerz, der Staat und der Durchschnitt haben den Verkauf und den Ramsch der Kultur angekündigt und gleichauf vollzogen. Das Ende steht unweit bevor.

Die Bluejean-Boys und -Girls mit ihren verlorenen Brüsten sitzen irgendwo, wo die Mode ist, und warten, warten endlos, bis sie alt und todmüde geworden sind. Kunst und Kultur gehen an ihnen vorüber.

Ein kläglicher Rest der Linken schaut mit stierem Blick ins Bier und denkt an das, was er niemals vollbracht hat.

Gute Nacht und adieu, schöne Städte, ich bin mit leeren Händen aus ihnen gekommen, geflohen aufs Land, nach Italien, Friaul, nach Triest, in den Karst und irgendwann wieder hierher, zurück in die Steiermark nach Hause.

Es herrscht Krieg in den Städten, sagt Brecht, und ich meine, die Kultur liegt am Boden. Es ist gleich, wo, in Frankfurt, in Wien, in Paris, in Rom, Neapel und New York. Diese riesigen Wasserköpfe von Kultur und Wirtschaft sind dabei, zu platzen und ihren Inhalt, die Menschen, krank zu machen.

Ich komme aus den Städten.

Jetzt sitze ich hier, hinter mir das südsteirische Bauernhaus, und lerne ein neues Alphabet der Wahrnehmung; ein Bauer fährt mit dem Traktor vorbei, ein anderer steht im Kukuruzfeld und arbeitet, eine Frau hängt die Wäsche in den Wind, ich sehe plötzlich das Grün der Wiesen, die Knospen des Kirschbaumes, höre das Zwitschern der Vögel, den Hund bellen und ordne in Gedanken, was ich gleich zu tun habe: Holz hacken, den Brunnen in Ordnung bringen, ein Beet im Garten umstechen.

Nachmittag werde ich schreiben und über die Kultur nachdenken, die für mich nun mehr mit Weinkultur und Obstbau zu tun hat.

Ich kann den Menschen viel von den Städten erzählen, doch keiner fragt mich danach. Die Leute hier sprechen über das, was sie wirklich betrifft: über den Weinbau, die Äpfel, die Steuer, den Traktor, das Wetter, den Umbau, die Kinder, die Arbeit, ihr Leben.

Es interessiert sie doch, aber anderes auch; vielleicht, warum ein Städter wie ich aufs Land gezogen ist.

Es war die Kultur, die städtische, die mich vertrieben hat, und die ländliche, die mich geholt hat.

Von ferne höre ich einen Klapotetz. Unter dem Tisch steht ein steirischer Wein, ich fülle ein Glas und trinke auf meine Heimkehr, auf das Land, seine Kultur und sein Leben.

18. April 1981 (»Tagebuch«)

GUSTAV ERNST

Worüber ich von Zeit zu Zeit wenigstens bestürzt bin

Von Zeit zu Zeit wenigstens, wenn ich so vor mich hin schreibe, um Zusammenhänge zu klären, die mir den Atem nehmen, um Sprache zu untersuchen und Wahrnehmungen empfindlicher zu machen, wenn ich lese, um Beobachtungen mit Kenntnis anstellen zu lernen, wenn ich dann Fachzeitschriften und -verlage damit beliefere, die wiederum meinesgleichen damit beliefern, so bin ich bestürzt darüber, wie wenig wir, die mit Sprache und Phantasie zu arbeiten gelernt haben, gebraucht werden. Man läßt uns bisweilen in stillen Winkeln vor geladenem Publikum Lesungen herunterhudeln, in Gutenachtsendungen dürfen wir im Kulturschleimprogramm des ORF mitunter ein Verslein husten, das vorher auf unflätige Beistriche, »revolutionäre« Nasenstüber hin perlustriert wird. Die Tageszeitungen notieren das Geringste über uns auf das winzigste. Die große Literaturvermittlung, dort nämlich, wo viele Menschen auch erreicht werden, betreiben gesetzte Herrschaften, hauptberufliche Abendländer, Notdürftler und Massenverächter. Der Fall Larcher steht für ein Schulsystem, in dem Literatur, politisch-ästhetisch kontrolliert, impotenten Lehrern zur

Beschleunigung von Impotenz unter den ihnen Ausgelieferten gereicht. Phantasie wird als Sinnlichkeit (und umgekehrt) gefürchtet. Im ORF plaudern Leitartikler, Präsidenten, Germanisten unerheblich über literarisch Unerhebliches, haben das Medium in der Tasche für die politisch hinterfotzige Verbreitung von Desinteresse an Literatur, für die Bekräftigung der Phantasielosgemachten in ihrer Phantasielosigkeit. Wir leben vornehmlich von gutwilligen Einladungen, häufig von erstklassigen Beziehungen, die wir selten verraten, manchmal von Geschenken.

Ein winziger Teil von uns wird jährlich mit Stipendien abgefüttert, als ob wir nicht auch arbeiten könnten, nämlich unseren Fähigkeiten entsprechend, als ob wir bloß ein gutes Stück alte Tradition wären, die man ungeachtet ihrer tatsächlichen Nutzlosigkeit zwecks Ansehen der Nation hätscheln müßte. Uns wird kein Auftrag zugewiesen, man hält uns weiter von der Öffentlichkeit fern, von der wir abhängig sind, indem man uns beschenkt, anstatt uns etwas verdienen zu lassen. Wir könnten unter Beweis stellen, ob wir von Nutzen sind, und lernen, es zu sein; man hält von uns wenig, aber man fürchtet, daß wir nützlich sein könnten. Darüber nachsinnend, fällt es mir schwer, die Wut klein zu halten. Was Wunder, daß der Schriftsteller hierzulande in der Abgeschiedenheit seines Literaturbetriebs und Denkens Werke erdichtet, die niemand haben möchte, um seinen Lebensunterhalt rauft, seine Fähigkeiten, mühsam erworben, zwischen Schreibtisch und Klosett hin und her trägt, weitere erringt, um zu sehen, wie sich andere, weil sie wichtige Freunde haben, an seiner Stelle in ihrer Unfähigkeit breitmachen. Die Ignoranz, die uns entgegengebracht wird, werden wir nicht länger mit Gleichem zu vergelten haben, sondern mit peinlichem Interesse und vorsätzlicher Mißgunst. »Das Ende unserer Bescheidenheit«, so hoffe ich, wird so manchem, der uns bescheiden gemacht hat, ein bescheidenes Ende bescheren. Wir müssen aus unseren Höhlen kommen. Wo diejenigen, die in Österreich noch Literatur lesen, einem verkommenen Abendkleid-Bildungsbürgertum angehören, das eine ebensolche Literatur liebt, ist die Frage nach der Möglichkeit des Überlebens jener Mischung aus Tschusch und bösartigem Intellektuellem, die Schriftsteller genannt wird, nicht, weil die Leute dumm sind, sondern weil man höheren Orts deren Dummheit nötig hat. Haben uns andere bisher die Berechtigung zur öffentlichen Arbeit aberkannt, so werden wir hingehen müssen, um sie diesen anderen abzuerkennen. Wir werden gut daran tun, uns das Recht, in den Produktionsstätten und Vermittlungsinstitutionen von Literatur Fuß zu fassen, einfach zu nehmen. Wir haben begonnen, uns zu Wort zu melden; es wird nicht bei Wörtern bleiben. Was wir schreiben, schreiben wir nicht für uns allein. Dafür werden wir zu sorgen haben.

18. November 1973 (»Konfrontationen«)

GUNTER FALK

Tagebuch eines Alltags

1. Morgen

Eines Tages stehe ich auf: ich gähne, räkle mich, drehe mich auf die andere Seite, oder ich springe mit beiden Beinen aus dem Bett; oder ich tue auch nichts dergleichen. Manchmal rühre ich mich nicht. Die elektronische Weckeruhr schnarrt zur täglich gleichen Sekunde; kaum noch dem Traum oder einer schlaflosen Nacht entronnen, wünsche ich, eher erschreckt, auch dem Bett zu enteilen und, hinter den Töpfen, Pfannen, Tassen, Tellern, Löffeln und Messern der Frühstückszubereitung verschanzt, mich des begonnenen Tages zu versichern.

Manchmal, also, wünsche ich, aufgestanden und den Ängsten, Zweifeln oder auch Wundern und Merkwürdigkeiten des Schlafs, oder auch der Schlaflosigkeit, entronnen zu sein. Aber scheinbar – so kommt es mir vor – ist mein Wille gelähmt, meine Bereitschaft zum Handeln zwar klar vor meinem moralischen Auge, doch scheinbar – so kommt es mir vor – ist sie mir in den Strickleitern meines Nervennetzes entfallen: Ich liege, oft schwitzend, kalt oder heiß, im Bett, will einen Tag beginnen, den zu durchleben Gott, Natur oder Wille mir vorgeschrieben hatten; zum Teufel aber: nichts ist zu machen, schwitzend nur liege ich, und der Körper, mein armseliges, doch gescheites Objekt meiner Überlegungen, ist nicht zu bewegen.

Dieser Tag ist selten – obwohl seine mögliche Endgültigkeit mich fürchten läßt –, eines häufigeren Tages also stehe ich auf, glaube an Gott, Welt, Gesellschaft und Wahlversprechen – mit nötigem Zweifel –, bin guter Dinge – mit unnötigem Griesgram –, suche und finde, eher schnell, hintereinander, doch in veränderlicher Reihenfolge WC, Badezimmer und Küche: Kochen, Waschen und Entleeren ist mit wenigen Handgriffen zu tun, die mir dennoch einen Eindruck von Handeln vortäuschen: ich handle, indem ich Knöpfe drehe, Schalter umlege oder an Hebeln ziehe, und das Ding rauscht, sei es die Spülung, Brause, Wasserhahn oder -topf. Bald auch zeigen sich Resultate: Entleerung, Reinigung oder Tee, manchmal Kaffee. Handeln, so fühle ich fröhlich, das Resultate zeitigt, ist in der Industriegesellschaft leicht gemacht.

Während ich mich rasiere, mit Klinge und Schaum, pflege ich den Nutzen dieser Tätigkeit in Zweifel zu ziehen: Die geringe Konzentration, die das Abschaben eines dreitägigen Bartes erfordert, verursacht mir Unbehagen, und ich pflege zu erwägen, ob ich das Rasieren nicht einstellen und den Bart einfach wachsen lassen solle. Häufig blute ich. Wenn ich mir aber dann den Schaum aus dem Gesicht wasche, verbessert sich meine Laune wiederum. Einerseits habe ich eine Leistung vollbracht, was mich die Setzung weiterer, noch ungeahnter Aktionen im fernen Tag erhoffen läßt, andererseits habe ich eine Transformation, einen Wandel bewirkt: mein Gesicht, den einzigen mir sichtbaren Ausdruck meiner Person und Identität habe ich zu glätten und – wie mir scheint – zu straffen verstanden; die Linien, Furchen, Flecken und Ödeme des Schlafs – oder der Schlaflosigkeit – sind wie weggewaschen und abgeschabt. Hier erst fühle ich mich wach, bereit zu weiteren Taten; der Plan eines Vollbarts ist außer Kraft gesetzt.

Ich nehme das kochende Teewasser vom Herd, gieße den Tee auf, und während ich Brote oder halbierte Semmeln mit Butter, Marmelade, Streichwurst oder Käse versehe, verzehre ich in Gedanken bereits die in Herstellung befindlichen Speisen, ganz Pawlowscher Hund, dem ein bedingter Reiz das Wasser im Mund zusammenlaufen läßt.

Wir setzen uns zu Tisch. Das Küchenfenster, durch das ich starre, ist leicht beschlagen, denn es wird unweigerlich Herbst, und die Frühjahrstemperaturen sinken; durch das Glas kann ich, wie immer morgens und mit unbegründeter Sehnsucht, eine von Wäldern, Wiesen und verstreuten Gehöften durchzogene Hügelkette erkennen, die vielleicht von Sonne beschienen ist. Die Farben in diesem von der metallenen Fensterfassung umrahmten Bild sind Grün und Braun in ihren Schattierungen und Mischungen, und darüber ist möglicherweise das Blau eines Himmels aufgetragen. Doch was mich beunruhigt und anzieht, mich mürrischen Gesichtes starren und alte Träume von Ikaros und Vogelflug, von Freisein und Schönheit kaum noch unterdrücken läßt, ist, wie ich es schon sagte, die Bildhaftigkeit, die Künstlichkeit dieses Ausschnittes von Welt: einer Welt, die ich zwar sehe, kaum noch höre und schon lange nicht mehr bewohne. Ich wende meinen Blick vom Fenster ab und den Menschen zu, die mit mir die Räume in diesem Hochhaus in dieser Stadt teilen und die ich zu lieben glaube, und ich merke, daß ich sie sehe und nicht gehört habe.

Von den nahen Straßen dringen Geräusche herauf; wir verzehren Brote, trinken Tee, manchmal Kaffee, und planen die Dinge, die diesen Tag zu tun sind.

11. Oktober 1975 (»Tagebuch«)

GUNTER FALK

Landleben – City Life

Ich habe, glaube ich, 34 Jahre alt werden müssen, um Landleben genießen zu lernen. Diese Verzögerung im Erwerb eines doch naheliegenden Genusses könnte darauf zurückzuführen sein, daß meine Vorfahren – soweit ich dies Erzählungen meiner Eltern entnehmen konnte – bäuerlicher Herkunft waren.

Familien aus dem bäuerlichen Milieu scheinen in den letzten hundert oder zweihundert Jahren häufig einen von drei gesellschaftlichen Pfaden beschritten zu haben, die sich über die Generationen hinweg erstrecken. Bei materiell sehr ungünstiger Ausgangssituation führte der Pfad im Sinne einer erzwungenen Landflucht in das städtische Proletariat; von dort manchmal in Facharbeiterpositionen, aus denen gelegentlich der Sprung in technische oder selbständige Berufe versucht wurde. Bei mittlerer materieller Ausgangslage – einem Hof, der seine Bewohner einigermaßen ernähren konnte – scheint die Chance am größten gewesen zu sein, daß auch die nachfolgenden Generationen diesen Hof bewirtschafteten.

Im Falle einer materiell günstigeren Ausgangslage (einer allerdings selteneren) wurde schließlich des öfteren ein besonderer Weg des sozialen Aufstiegs beschritten, der auch durch geographische Stationen markiert ist: Die erste Generation etwa siedelt vom Dorf in die Kleinstadt, dabei typischerweise die Erwerbsquellen von Ackerbau und Viehzucht auf Handel, etwa mit Feldfrüchten oder Fleisch, oder gut bewertete und bezahlte Dienstleistungen wie kommunalpolitische Ämter oder Gasthausbetriebe ausdehnend. Die nächste Generation wandert im Idealfall von der Kleinstadt in die Landeshauptstadt und gleichzeitig auf der sozialen Leiter in Positionen des Bürgertums, indem ein kleinerer Produktionsbetrieb geschaffen, ein Beamtenberuf ergriffen oder ein Studium, meist der Rechtswissenschaft oder der Medizin, absolviert wird.

Die dritte Generation schließlich hat gemäß diesem »Gesetz« (das natürlich keines ist, sondern nur einen – bei gegebener Ausgangslage – einigermaßen wahrscheinlichen Verlauf skizziert), in die Großstadt zu drängen, gesellschaftlich in Positionen des gehobenen Bürgertums.

Man kann sich die Motive und Ursachen dieser schrittweisen Bewegung über die Generationen hinweg einigermaßen klarmachen: Alle Menschen streben nach »Höherem«, weniger natürlich im »geistigen« oder intellektuellen Sinne als im gesellschaftlichen und materiellen. Höhere Stellungen und bessere materielle Lagen bieten die Chancen für reichhaltigere oder angesehenere Lebensstile und raffinierteren Konsum (und sei es der Konsum von Bildungsgütern wie Kunst). In einer städtischen und sich fortschreitend verstädternden Gesellschaft aber sind diese Chancen und Möglichkeiten nicht überall gleich und nicht überall gleich gut zu finden und zu verwirklichen, ganz zu schweigen von den Erwerbschancen.

So zieht es also den Enkel der auf- und nach Höherem strebenden Bauernfamilie in die Hauptstädte oder Citys, deren es heute allerdings, international gesehen (und nur eine internationale Brille will dem Landflüchtigen in der dritten Generation passen), einige gibt, heißen sie München, Hamburg, Berlin, London, San Franzisko, Rom oder auch Wien. Er selbst ist sich dieser »Logik« der sozialen Wanderung wenig bewußt; er fühlt sich vielleicht von beruflichen »Notwendigkeiten«, geringerem »Provinzialismus«, erhöhten Möglichkeiten der »Kommunikation« oder einfach von den Reizen des »City Life« getrieben.

Ich habe, glaube ich, 34 Jahre alt werden müssen, um diesen Verlockungen widerstehen, sie durchschauen zu lernen. In der Geschichte meiner Familie repräsentiere ich jene dritte Generation; deren Wünsche und Pläne waren meine. Landleben, selbst eine Existenz in der »Provinzhauptstadt«, erschien mir als Verbannung, diesseits des Horizontes meiner Wünsche und Planungen.

Wenn ich mich auf das Balkongeländer des kleinen Bauernhauses stütze, das meine Frau vor zwei Jahren in der Südsteiermark gepachtet hat, knarrt das Holz. Der allabendliche Wind ächzt, zerrt und rüttelt ein wenig im alten Gebälk und an den schlecht schließenden Türen und Fenstern; das Dachbodenzimmer aber ist noch warm und stickig von der Sonne, die hinter dem Hang versinkt, auf dessen Rücken das Haus gebaut ist. Die nahe liegenden Waldungen sind nicht mehr grün, wie ich bemerke, sondern blauviolett. Aus der nahen Talsohle höre ich Mopedmotoren. Ich entzünde mir, was ich hier seltener zu tun pflege als in Städten, eine Zigarette.

Zivilisatorische Genüsse: Waren und Informationen, Reichtum und Macht, sind in der Tat zwischen Land und Stadt ungleich verteilt. Das Streben nach diesen Dingen folgt aber dem ökonomischen Gesetz des »abnehmenden Grenzertrags«: Je mehr man davon – genossen – hat, desto weniger ist einem ein weiterer Genuß dieser Dinge erstrebenswert. Jenseits dieses Erlebenshorizonts, an dem »mehr desselben«, mehr der Waren und warenförmigen Kommunikationen, keinen weiteren Wert und Reiz mehr hat, wird Landleben zu einer der grundsätzlichen Alternativen: zu einem heilsamen Versuch, seine innere und äußere Existenz nach anderen Rhythmen zu steuern als nach Terminen, Zigaretten, Verpflichtungen, Kaffee, Signalwelten und regelmäßigen Blicken auf die Uhr. Beispielsweise kann es gelingen, Arbeit und Muße, die im städtischen, verpflichteten Leben streng getrennt wurden, in ein feines Netz von Tätigkeiten zu integrieren.

Mir ist aber klar, daß dieses Landleben, wie ich es genieße und zu genießen gelernt habe, nur teilweise mit dem jener Menschen zu tun hat, die hier arbeiten, daß es also das verträumte Landleben eines wohlversorgten Städters ist.

30. Jänner 1977 (»Tagebuch«)

BARBARA FRISCHMUTH

Zeitgenossen

Karin L. ist vor kurzem fünfzehn Jahre alt geworden. Wer sie sieht, hält sie mindestens für siebzehn. Sie ist einigermaßen hübsch, korpulent, das heißt gut entwickelt, und schminkt sich. Man sagt, daß sie bereits im Alter von dreizehn Jahren mit jugoslawischen Gastarbeitern herumgezogen sei. In den großen Ferien zwischen der dritten und vierten Klasse Realgymnasium mußte sich die Mutter, eine jung aussehende, adrette Bilanzbuchhalterin, einer Operation unterziehen, und da niemand die Verantwortung für Karin L. übernehmen wollte, kam sie in die Kinderübernahmsstelle. Man hatte ihr versprochen, sie würde wieder nach Hause kommen, sobald die Mutter gesund sei, aber das war nicht der Fall, und so kam sie auf Betreiben des Stiefvaters, eines Polizisten, in ein sogenanntes halboffenes Heim, wo sie die vierte Klasse Realgymnasium mit Erfolg abschloß.

Ursprünglich wollte Karin L. weiter ins Gymnasium gehen, als aber die Heimpsychologin meinte, sie würde in der Schule nur weiter Erfolg haben, wenn sie im Heim bliebe, verzichtete sie darauf (sie hatte sich dort sehr unglücklich gefühlt) und begnügte sich mit dem Besuch des polytechnischen Lehrgangs, um dann in eine Lehre zu gehen.

Karin L. kam also wieder nach Hause. Die Auseinandersetzungen mit dem Stiefvater wurden immer häufiger, manchmal klagte die Mutter der Fürsorgerin, die Karin L. seit ihrem ersten Heimaufenthalt zu betreuen hatte, daß sie den Problemen mit dem Kind nicht mehr gewachsen sei. Karin L. zog für ein paar Wochen zu ihrer Großmutter väterlicherseits, die verwitwet war. Aber lang hielt sie es dort nicht aus. Übrigens übt der leibliche Vater von Karin L. ebenfalls den Beruf eines Polizisten aus. Die Schwester von Karin L., die etwa fünf Jahre älter ist und selbst bis zu ihrer Hochzeit in einem geschlossenen Heim untergebracht war, lebt in einer Wohngemeinschaft mit mehreren dem Underground nahestehenden jungen Leuten. Mit Erlaubnis der Mutter zog Karin L. zu ihr, da ihr an einer Rückkehr nach Hause nicht mehr gelegen war. Bei der Schwester lernte Karin L. einen jungen Burschen kennen, mit dem sie in eine andere Wohngemeinschaft zog, wo sie sich, wie sie selbst sagt, zum erstenmal in ihrem Leben wirklich wohlgefühlt hat.

Man nahm sie ernst, ließ sie tun, was sie wollte, und gab ihr das Gefühl, dazuzugehören. Zum erstenmal hatte sie Leute kennengelernt, die das, was sie tat oder wollte, nicht für schlecht oder auch nur für unangebracht hielten. Und man klärte sie auf über die Methoden der antiautoritären Erziehung, über das Recht auf Befriedigung sexueller Bedürfnisse, über die Mißstände der bürgerlichen beziehungsweise der kapitalistischen Gesellschaft, ohne besonderen Nachdruck darauf zu legen, daß sie, Karin L., noch eine Weile nach den Regeln derselben würde leben müssen, ob sie sie nun für richtig hielt oder nicht. Karin L. bekam eine Vorstellung von der Welt, in der zu leben sie große Lust gehabt hätte und sicherlich noch immer hat. Sie roch an der großen Freiheit und freute sich ihres Lebens. Vielleicht wäre auch alles längere Zeit hindurch gutgegangen, hätte sie regelmäßig die Schule besucht. Als sie mehrere Male ohne schriftliche Entschuldigung eines Erziehungsberechtigten ferngeblieben war, wurde dies von der Schule der Fürsorge gemeldet. Nun wurden auch die Eltern, die sich in der Zwischenzeit große Mühe gegeben hatten, an Karin L.s Leben Anteil zu nehmen, stutzig. Sie holten das Mädchen eines Tages ab, wobei sie zum erstenmal einige Mitglieder der Wohngemeinschaft zu Gesicht bekamen. Das Entsetzen soll groß gewesen sein, die Eltern sollen aus allen Wolken gefallen und wie vor den Kopf gestoßen gewesen sein. »Die picken doch alle vor Dreck«, soll die Mutter geäußert haben, und Begriffe wie Kommune, Sexorgien und Rauschgift schienen das Problem zu einem eindeutigen zu machen.

Fürsorge und Eltern waren sich darin einig, daß Karin L. in ein Heim eingewiesen werden sollte, da würden ihr die Flausen schon vergehen. Als man Karin L. sagte, was ihr bevorstehe, soll sie eine Mord- und eine Selbstmorddrohung ausgestoßen haben. Daraufhin erfolgte ihre Einweisung in die psychiatrische Klinik Am Steinhof, wo sie auch auf Drogensüchtigkeit untersucht werden sollte. Karin L. gab zu, mehrmals Haschisch geraucht zu haben. Die Frage, ob sie auch Opium geraucht hätte, verneinte sie energisch, wenn auch mit großem Erstaunen darüber, daß man überhaupt auf die Idee hatte kommen können.

Nach zwei Wochen galt Karin L. als entlassen, konnte aber noch nicht aus der Anstalt, da das Heim, in das sie eingewiesen werden sollte, noch nicht feststand. Irgendwie ist es Karin L. während dieser Zeit gelungen, aus der Anstalt zu entlaufen. Sie hielt sich versteckt, bis sich jemand fand, der bereit war, die Legalisierung einzuleiten und sie später zu sich zu nehmen. Als die Eltern erfahren hatten, daß Karin L. gefunden worden war, stellten sie ihre einstweilige Einlieferung in die Kinderübernahmsstelle zur Bedingung. Schließlich glückte die Legalisierung auch, da nun ein Pflegeplatz auf dem Land zur

Verfügung stand, obwohl die Eltern Widerstand leisteten, da ein Aufenthalt in einem Erziehungsheim ihnen noch immer als das Sicherste und Bequemste erschien. Erst als Psychiater und Fürsorge ihre Gutachten zugunsten des Pflegeplatzes abgegeben hatten, gaben sie nach, erstatteten aber im nachhinein Anzeige gegen alle, die in der Zeit ihres Untertauchens mit Karin L. in Berührung gekommen waren, ohne sie sofort der Polizei zu übergeben.

Karin L. lebt nun, bis sie in die Lehre kommt, auf dem Land und besucht den polytechnischen Lehrgang in der nächsten Bezirksstadt. Sie ist etwas ruhiger geworden, dennoch ist das Verhältnis zu ihrer Umwelt gestört. Sie ist immer wieder einvernommen worden, sie kennt die Fragen und die Antworten, sie hat sich darauf eingestellt. Sie weiß, daß sie sozusagen auf Bewährung frei ist, gerade das belastet sie, denn sie hat die große Freiheit, die sie ein paar Wochen lang genossen hat, nicht vergessen. Obwohl sie von Natur aus leutselig ist, ist es schwer, ihr Vertrauen zu gewinnen. Die Leute, die ihr Vertrauen hatten, stehen unter Anklage. Wird zufällig wo das Wort Kommune ausgesprochen, macht sie phhh und sagt: »Was wissen die schon davon.« Die Kluft zwischen dem, was sie erlebt hat, und dem, was darüber gesagt worden ist und wofür sie bestraft werden sollte, ist zu groß, als daß sie einlenkenden Argumenten zugänglich wäre. »Es ist einfach nicht wahr, daß dort alles vor Dreck gepickt hat«, sagt sie. »Und das andere stimmt auch nicht.« Und dieses Wissen muß ihr vorkommen wie ein Besitz, vielleicht der einzige, den zu hüten sie der Mühe wert findet.

29. Oktober 1972 (»Konfrontationen«)

BARBARA FRISCHMUTH

Graz, wie es bleibt und sich bläht …

… nämlich Graz bleibt und sich dennoch aufbläht in der Erinnerung, wenn ich von Zeit zu Zeit wiederkomme. So als wäre die Stadt einmal eine ganz andere gewesen, was wahrscheinlich daher rührt, daß ich sie nun mit der Distanz sehe, die nur ein anderer Wohnsitz ermöglicht. Und es befällt mich die Erinnerung an all das, was früher, in den späten fünfziger und frühen sechziger Jahren, als ich hier gelebt habe, noch nicht war. Die Erinnerung an die unverbauten Wiesen in der Gegend des Steinfelder Friedhofs und die schmalen Gürtel aus Schrebergärten entlang der Graz-Köflach-Bahn. Und ich erinnere mich an die Angst vor einer bestimmten Angst von Menschenleere, die mich manchmal befiel, wenn ich nachts von der Haltestelle der Straßenbahn aus allein nach Hause gehen mußte, bis ich dann vor dem Bahnschranken stand, einem der vier möglichen Bahnschranken, von denen die Reininghausstraße Nr. 1 eingekreist ist.

Die Bahnschranken sind geblieben, aber sonst hat sich vieles verändert in der Gegend, in der ich jahrelang gewohnt habe. Die Vertrautheit, nämlich das Gefühl, diese Stadt wirklich zu kennen, setzt erst wieder jenseits der Murbrücken ein, wenn ich in die Stadt fahre.

Manchmal versuche ich den Eindruck, den ich damals, Ende 1957, als ich hier ankam, von Graz hatte, mit dem zu vergleichen, den ich jetzt, bei gelegentlichen Besuchen, von der Stadt habe. Damals war es vor allem der Dialekt, aber auch die Umgangssprache, mit der breiten Diphthongierung der Wörter, die mir fremd war. Heute ist das zu einer Frage des Wiedererkennens geworden, einer emotionellen Art von Wiedererkennen, gebunden an eine sprachliche Umgebung, in der und aus der man längere Zeit gelebt hat.

Graz war die erste Stadt, in der ich gewohnt habe. Mit ihr verbinde ich alle grundsätzlichen Erlebnisse, die das Leben in einer Stadt zum Stadtleben machen. Das erste Theaterstück, das ich auf einer regelmäßig gespielten Bühne gesehen habe, war »Warten auf Godot« in den Grazer Kammerspielen, die erste Oper, »Manon Lescaut«, in der Grazer Oper. In Graz war ich auf einmal in der Lage, dreimal am Tag ins Kino gehen zu können, jedesmal in einen anderen Film. Ich hatte begonnen, die sogenannte Kultur, die sich außerhalb von Büchern abspielt, zu entdecken. Der Film-Club, die Urania, später das Forum Stadtpark ... Ich fing an, dabei zu sein. Es war eine Zeit des Aufnehmens, aber auch schon des Aufbrechens, des Aufbrechens zu allem, was über diese Stadt hinausgeht. Graz war der Anstoß, über Graz hinauszukommen.

Ich hatte zu schreiben, aber auch zu studieren begonnen. Einmal das Studium vorziehend, dann wieder das Schreiben, diese Doppelgleisigkeit hat mir lange zu schaffen gemacht. Schreiben sollte man überall können. In Graz mit dem Schreiben anzufangen hieß, sich an anderen messen zu können, aber auch von anderen gemessen zu werden. Das war vielleicht das Bedeutendste. Mit seiner Arbeit nicht im Raum zu hängen, wartend darauf, daß ein gütiger Verleger einen durch Zufall aus der Elevation erlöste, sondern daß man ohne den mysteriösen Ritus einer wundersamen Entdekkung seine Texte veröffentlichen konnte und, da man einander kannte, auch Reaktion darauf bekam. Man wurde von Anfang an mit der Möglichkeit, fast möchte man sagen, mit der Verpflichtung vertraut, sich zu stellen, wenn auch der Kreis derer, denen man sich stellte, nicht groß war. Nicht, daß man für gewisse Leute schrieb, aber man wußte, daß es gewisse Leute gab.

Die Vorstellung, die man vielleicht anderswo von der Literatur hat, nämlich daß ein Autor sich hinsetzt, in der Stille etwas ausbrütet und es dann via Buch auf für ihn völlig anonyme Leser losläßt, galt für Graz nicht. In Graz war die Literatur auf Kontakt aufgebaut, Kontakt, der sich, wenn es dann zu einer Buchpublikation kam, erweiterte. Ich glaube, daß diese Art von Kontakt, den die Grazer Autoren zu einem Teil ihrer potentiellen Leser von Haus aus hatten, mehr erklärt als das Rätseln über die Grazer Genie-Ecke, dem man in deutschen Zeitschriften manchmal begegnet.

Die Bücher, die ich veröffentlicht habe, sind alle nicht in Graz entstanden. Aber in Graz bin ich mir darüber klar geworden, daß ich sie schreiben möchte. Graz war eine gründliche Vorbereitung, die Erkenntnis, daß man Ansprüche stellen kann und muß, daß man sich aber auch mit jeder Zeile, die man in die Öffentlichkeit entläßt, der Kritik der Öffentlichkeit aussetzt. So lächerlich einen die Kritiken der ersten Lesungen in den Grazer Tageszeitungen anmuten mögen, sie hatten eine wichtige Funktion. Man hat von Anfang an gesehen, auf wie verschiedene Art man verstanden und mißverstanden werden kann, ohne daß dadurch viel bewirkt wird.

Es dürfte wenige andere Städte geben, in denen soviel über Literatur geredet und gleichzeitig betont wird, daß man nicht über Literatur reden möchte. Gerade dieser Zwiespalt macht wahrscheinlich die literarische Atmosphäre von Graz aus. Und Graz hat literarische Atmosphäre, das empfinden vor allem diejenigen, die nicht hier ansässig sind. Wie lange eine Stadt das erträgt, literarische Atmosphäre zu haben, ist eine andere Frage, vor allem dann, wenn bereits die Legendenbildung einsetzt. Hoffentlich aber noch eine geraume Weile.

18. Mai 1975 (»Tagebuch«)

REINHARD P. GRUBER

gruber, ein leben für die heimat

von seiner deutschen mutter martha getragen, mußte reinhard p. gruber am 20.1.1947 als sohn des steirischen vaters johann in fohnsdorf, das ist steiermark, den blickpunkt wechseln: vom dunklen gedärm in die helle steirische sonne. offener blick und helles wesen sind dem im steirischen winter geborenen seit damals verhaftet.

das volksschulalter brachte für den blonden steirer (wegen seines allzu sonnigen charakters wurde er öfters in einen dunklen keller gesperrt) die erste blütezeit der heimatkunde; wie kein anderer kannte er dörfer, städte, bäche, wälder, steine und menschen seiner heimat. (schon damals wurde erwogen, ob der begabte patriot nicht mit der leitung einer heimatkundlichen lehranstalt betraut werden sollte. wie immer in solchen fällen scheiterte jedoch das vorhaben am zu geringen steirischen landesbudget. (bis heute ist dieses projekt nicht zustandegekommen, obwohl die steiermark wie kein anderes bundesland unter dem fehlen einer solchen Institution leidet; leider.)

in einem vom einsturz bedrohten gymnasium in judenburg wurde der versuch unternommen, dem jungen menschen seine natürlichkeit zu rauben und ihn reif zu machen zum eintritt in die hohe bürgersgesellschaft der gelehrten; dem widersetzte sich der zielstrebige steirer allerdings mit allen ihm zu ge- und verbote stehenden mitteln; mehrmals täglich in den sämtlichen acht jahren der reifung mußte er aufgrund seiner provokationen die klasse verlassen und entrann auf diese weise dem großteil des unterrichts. diese natürlichen abwehrmechanismen verfeinerten sich schließlich immer mehr. er entwickelte fähigkeiten, mittels derer er nicht nur dem verhaßten unterricht fernbleiben konnte, sondern sich in dieser fehlzeit auch noch in seiner geliebten steirischen natur aufhalten konnte: er wurde einer der tüchtigsten winter- und sommersportler der schule und ließ sich von kurs zu kurs, von erfolg zu erfolg schicken – sehr zum ärger der neidischen gelehrten, aber zum fortschritt seiner naturverbundenheit. (im abschlußzeugnis der anstalt erreichte er im fach »geographie« gerade noch ein »genügend«; ein genügender hinweis darauf, daß in diesem fach aber auch schon gar nichts über seine geliebte steiermark gelehrt wurde.)

der jetzt reife fohnsdorfer, der sich schon so große kenntnisse um die steiermark erworben hatte, erkannte nun, da er reif geworden, daß sein wissen immer noch ein oberflächliches war; aus diesem grund begab er sich in die unterfläche der steiermark: monatelang arbeitete er im heimatlichen bergwerk und erkundete die heimat bis zu tausend meter unter die oberfläche. (es war so finster, daß er nach jeder erkundung schwarz zurückkam; sein sonniges wesen konnte das allerdings nicht trüben.)

im jahre 1965 rief ihn die steirische pflicht als soldat zu den waffen, die er freudig ergriff. (schon vor dieser berufung genoß er eine hervorragende autodidaktische ausbildung am väterlichen luftdruckgewehr und galt als spezialist für gummischleudern, karbidgeschoße und sprengstoffanschläge. leider wurde die entwicklung chemischer angriffsstoffe im häuslichen labor durch raumzertrümmerung vorzeitig gestoppt; heute wendet sich die UNO mit nachdruck gegen die herstellung solcher waffen.) das naturverbundene steirische kriegspielen in der grundausbildung gefiel dem fohnsdorfer so gut, daß er sich als anwärter zum berufsoffizier verpflichtete; er hatte das ziel vor augen, pilot der steirischen luftwaffe zu werden, um sein bild von der steiermark aus genügender höhe abzurunden. doch dazu sollte es nicht kommen. als er bemerkte, daß sich die soldatische ausbildung immer mehr von wiese, feld, wald und gebirge in die staubigen kasernen zurückzog, zog auch er seine meldung zur offizierslaufbahn zurück. dieser konsequente strategische rückzug sollte sein schicksal bestimmen: im monatelangen dahindösen (in erwartung der abrüstung) begann er, erstmals freiwillig, weil aus langeweile und daher notwendigerweise, sich mit literatur zu beschäftigen – und erkannte alsbaldigst, daß die produktion von sätzen durchaus auch als ein echt steirisches tun erfolgen konnte: als produktion von sätzen eines steirers über die steiermark. eine echte befriedigung in entsagungsvoller zeit.

die satzproduktion benötigte jedoch andere voraussetzungen als die kriegsproduktion: er entschloß sich, noch tiefer in die abgründige steirische psyche einzudringen, und glaubte, dies mit einem studium der psychologie bewerkstelligen zu müssen. – der haken an der sache war allerdings der, daß neben dem erwähnten fehlen einer heimatkundlichen lehranstalt plötzlich auch noch das fehlen eines psychologischen instituts in der steiermark zu vermerken war. so begab er sich 1966 in die österreichische bundeshauptstadt (damals: wien), einerseits, um die erkenntnisse der dortigen psychologie auf steirische verhältnisse zu transponieren (und damit: für seine produktion nutzbar zu machen), andererseits, um das steirertum auch etwas nach osten auszubreiten. die folge war jedoch eine zunehmende blickverengung: im osten war noch nichts bekannt von der universalität des steirertums. sowohl die beschäftigung mit dem studium (die psychologie beschäftigte sich leider nur mit den gehirnströmen von wiener gehirnen) als auch der umgang mit menschen verschiedenster nationalitäten und bundesländer wollten an dem aufnahmebereiten steirer eine problemreduktion erzwingen – die reduktion auf eine nichtsteirische wissenschaft, auf eine unsteirische lebensweise. aber auch diesem lehr- und umweltzwang wußte der helle steirer zu entgehen: er zieht sich ins kloster zurück, um sich wieder dem wesentlichen widmen zu können: 1967 befindet er sich im benediktinerstift zu den schotten, einer ehrwürdigen wiener anstalt, macht sein noviziat und trachtet, mit hilfe des theologie- und philosophiestudiums das steirertum eingehender zu reflektieren. da jedoch die natürlichkeit des steirers einen natürlichen lebensstil verlangt und da die steirische natürlichkeit die eigentliche berufung jedes steirers darstellt, folgt er auch hier wiederum dem ruf seines herzens und verläßt das kloster nach 2 x 9 monaten 1968. das studium von theologie und philosophie, angereichert durch politologie, erkennt er als angemessen und würdig für die bewußtmachung und verbreitung des steirertums, behält es also bei und schließt es 1973 ab.

4. Februar 1973 (»Konfrontationen«)

REINHARD P. GRUBER

Frankfurter Würstelmesse

Samstag früh am Frankfurter Flughafen. Ich frage mich, was mich da wohl erwarten wird; man hat ja schon gelesen: soviel tausend Bücher aus soviel tausend Ländern, darunter soviel tausend Neuerscheinungen mit soviel tausend Besuchern. Ich bin das erstemal bei der Frankfurter Buchmesse.

Mit dem Taxi Richtung Messegelände auf die Autobahn. Plötzlich kommt auf unserer Autobahn ein Auto aus der Gegenrichtung. Der Taxilenker verreißt den Wagen und beginnt kopfschüttelnd zu schimpfen. Es war ein Auto mit französischem Kennzeichen. Ich wundere mich, daß sich der Chauffeur so aufregt; ich bin mir ziemlich sicher, daß es sich um einen Messebesucher gehandelt hat, der nach dem Studium von einigen Tausenden Büchern die Stadt kopfüber, das heißt, kopflos verlassen wollte. Er hat einfach nicht mehr gewußt, wo ihm der Kopf stand, wo vorn und hinten war. So etwas habe ich erwartet. Das wundert mich nicht.

In einem Bericht einer deutschen Rundfunkanstalt wird erwähnt, daß Frankfurt derzeit die intelligenteste Stadt der Welt sei. Wegen der Buchmesse. Auch das wundert mich nicht. Der Taxifahrer sucht mit Kennermiene einen kleinen Umweg zum Messehauptportal. Ich bin ihm nicht böse deswegen, so kann ich gleich die neuesten Bestsellertitel kennenlernen. Sie befinden sich über der Straße, auf Spruchbändern, die alle zwanzig Meter an Lichtmasten befestigt sind. So erfahre ich, daß mit dem König Faisal nicht nur Ölgeschäfte zu machen sind, daß Thornton Wilder etwas Ergreifendes geschrieben hat und daß ein Autor, der als »Lorenz der Botanik« angepriesen wird, sich mit dem geheimen Leben der Pflanzen beschäftigt hat.

Drei riesige Hallen sind mit Büchern vollgestopft. Die erste mit Kunst und Religion, die zweite ist für alle nichtdeutschen Verlage reserviert, die dritte für deutschsprachige Belletristik.

Nachdem ich die erste Halle schnurstracks, mit dem Koffer in der Hand, durchwandert habe, kriege ich Hunger. Beim Würstelstand das typische Frankfurter Mißverständnis: Es gibt keine Frankfurter in Frankfurt, hier heißen sie Wiener, die Würstchen. Schmecken aber ganz normal.

In der Belletristikhalle haben sich zu den deutschen Verlagsgiganten auch ein paar österreichische Aussteller geschmuggelt. Es ist die Halle, in der andauernd irgendein Fernsehteam irgendeinen Verleger oder Autor interviewt. Trotzdem (?) liegt eine gewisse Dumpfheit in ihr, etwas Depressives; alles geht hier schallgedämpft vor sich, schaumgebremst, ohne Hektik. Ich bin froh, am Stand der »manuskripte« gemeinsam mit Kolleritsch und Roth einen heimatlichen Calmus aus einer Grazer Branntweinstube trinken zu können.

Übrigens nicht nur ich. Der superbe Meister Leherb (mit Gattin Lotte Profohs) gesellt sich zu uns und befriedigt ein langgehegtes Bedürfnis: er wird Abonnent der »manuskripte«. Beim Akt der Unterzeichnung trägt er eine Jacke aus Schlangenleder, ein violettes Halstuch, violett bemalte Fingernägel und ein charmantes Lächeln. Dazu werden Calmus getrunken und Freundschaften geschlossen.

Am Pissoir stehe ich plötzlich neben dem berühmten Schauspieler Karl Lieffen. Wahrscheinlich hat er Memoiren verbrochen, er wirkt so zufrieden. Doch etwas Menschliches, die Frankfurter Buchmesse. Beim Rausgehen vorbei an Günter Grass; er ist kleiner, als ich gedacht habe. Lilli Palmer ist auch da. Dünne Lilli, gutes Kind.

Bei einer showmäßig aufgezogenen Diskussion nach Kurzlesungen wird Alois Brandstetter vorgeworfen, sich auch schon auf die Seite der Erfolgreichen geschlagen zu haben. – Er hätte schlechtere Bücher schreiben sollen, der gute Alois; dann wäre ihm das erspart geblieben.

Die berüchtigten linken Frankfurter, die bis jetzt noch immer für einen Messewirbel gut waren, scheinen von der Lethargie der Hallen angesteckt worden zu sein. Sie stapeln ihre Bücher im Freien und bieten sie dort zum Verkauf an. Neben anderen Würstelständen. Die gegrillten Bratwürste schmecken ausgezeichnet.

Demonstrationen in der Halle. Sechs oder acht Leute wandeln schweigend auf und ab. In ihren Händen halten sie Tafeln, auf denen »Kriminalität« und »Gewalt« steht. Nach fünf Minuten haben sie genug. Beim »Frauenverlag« versammelt sich eine forsch blickende Schar von emanzipierten Damen. Sie singen. Wäre der Text, den man ohnehin schlecht versteht, ein bißchen anders, dann müßte man vermuten, daß sie der Heilsarmee angehören. Sie haben aber keine Sammelbüchsen.

Am Abend eine Festveranstaltung zum 75jährigen Jubiläum des Insel-Verlages. Ermüdende Ansprachen, eine lange Lesung von Stanislaw Lem, dessen Deutsch beim besten Willen nicht zu verstehen ist. Herzlicher Beifall. Anschließend auf das »Insel-Schiff«, vier Stunden den Main auf und ab. Als Abendessen spendiert Suhrkamp-Chef und Insel-Besitzer Unseld Würstchen mit Sauerkraut. Nicht Frankfurter, sondern Augsburger. Die Bordkapelle spielt Weisen für einen Pensionistenball. Sie hat sich angepaßt.

Sonntag abend fliegen wir zurück. Es regnet. Ich finde keine Antwort auf meine Frage, ob bei der Buchmesse eigentlich die Autoren die Würstel und ihre Bücher der Senf waren oder umgekehrt. Die Würstelverkäufer haben jedenfalls Tausende von ihren Produkten an den Mann gebracht.

20. Oktober 1974 (»Tagebuch«)

REINHARD P. GRUBER

Neues von Beteigeuze

Kürzlich machte ich einen Spaziergang mit einem kleinen grünen Männchen von einem unbedeutenden Planeten aus dem System Beteigeuze. Franz, wie ich das Männchen nannte, hatte einen Abstecher in die grüne Steiermark gemacht, um sich von der Fülle des Chlorophylls zu überzeugen, das seine Rasse zur Blutauffrischung dringend benötigte. Ich hatte Franz ganz zufällig auf einer Wiese vor dem Eggenberger Schloß getroffen, wo er auch – hinter einem sehr grünen Busch getarnt – sein BFO parkte (da mir sein UFO nun bekannt war, konnte ich es natürlich nicht mehr UFO, sondern nur noch BFO nennen).

Franz äußerte sich sehr lobend über den chlorophyllischen Zustand der Steiermark und erwähnte nebenbei, daß die Beteigeuzianer schon seit Jahren mehrere Sonderkorrespondenten unerkannt in die Steiermark schleusten: die grüne Farbe sei ihnen als Tarnung sehr zugute gekommen. Waren die Geuzler bei uns bereits in der Überzahl? Hatten sie sich auch schon unerkannt in höchste Ämter oder gar schon in die Landesregierung eingeschlichen? Bestand die steirische Polizei tatsächlich noch aus steirischen Polizisten? Franz gab auf meine Fragen allerdings nur seltsame Rülpslaute als Antwort von sich. Das bedeutete in der interstellaren Kommunikation soviel wie: Ich hab kein Interesse zu antworten.

Da war also nicht viel rauszuholen. Ich konnte mir nur selbst den guten Rat erteilen, in Zukunft mehr auf grüne Gesichter zu achten. Solche waren mir, wenn ich mich recht erinnere, in den vergangenen Jahren in meinem Bekanntenkreis doch relativ häufig untergekommen.

Auf unserem Spaziergang durch den grünen Stadtpark kam mir die Idee: Ich fragte Franz, ob er schon vom Forum Stadtpark gehört hätte, das Graz den Ruf einer heimlichen Literaturhauptstadt eingetragen habe. – Natürlich, meinte Franz, das ist doch eine eurer wichtigsten Ausbildungsstätten für Literaten! Ich mußte ihn korrigieren; die Literaturabteilung des Forums sei keine Schule, sondern biete bloß eine Möglichkeit zum Publizieren und für Dichterlesungen. Franz beutelte sich (was soviel bedeutet wie: Das ist mir neu); er hatte sich vorgestellt, daß die österreichischen Dichter ebenso wie die beteigeuzianischen in Schulen ausgebildet würden.

Das interessierte mich. Ich fragte ihn, wie denn dort ein derartiger Unterricht vor sich gehe. Franz staunte über eine solche Frage; er konnte sich überhaupt nicht ausmalen, wie ein Schriftstellerbewußtsein zustandekommen könnte ohne gründliche Schulung in Literaturkasernen. Dieses Bewußtsein sei ja das Wichtigste.
Er zählte mir die wesentlichsten Einrichtungen eines Trainingscamps auf:
1.) Die Dampfkammer. Hier, so erfuhr ich, werden Schweißausbrüche unterrichtet, die als Voraussetzung für körperliche Autorensensibilität gelten. Nach Abschluß eines Dampfkammerkurses sind die Autoren in der Lage, täglich bis zu fünf (!) perfekte Schweißausbrüche im Umgang mit einem verhaßten Gesprächspartner zu schaffen. Die Kommunikation zwischen verfeindeten Spitzenautoren besteht überhaupt nur mehr in einem Austausch gegenseitiger Schweißausbrüche.
2.) Das Selbsterfahrungslager.
Das ist eine zur Zeit überaus dichtbevölkerte Fortbildungsstätte für Ich-Erzähler, die sich zu staatlich

geprüften Nabelbeschauern entwickeln wollen. Einige Anlagen, wie etwa
3.) das Realismuscamp, weisen mehrere Eingänge auf, es wird auch gesonderter Realismusunterricht erteilt – je nachdem, ob die Autoren konservativen, staatsfreundlichen oder linksdralligen Realismus lernen möchten.
4.) Die Paranoia-Zone, die jeder Autor zur Stählung seines Autorenbewußtseins mehrere Male in seinem Leben aufsucht, vermittelt ein echtes Gefühl des Verfolgtseins, ohne das keine Literatur entstehen kann. Die Grundschulung ist denkbar einfach:
Der Autor erblickt einen verdächtig freundlichen Hotelportier, schneidet ihm wortlos mit einer Schere die Krawatte ab, beschimpft ihn und verabschiedet sich mit einer Ohrfeige. Um die Autoren bei der gewünschten kreativen Stimmung zu halten, ist
5.) ein Honorarsaal eingerichtet worden, der von einem beamteten Schatzmeister bewacht wird. Die Schätze dieses Saales bestehen aus den Durchschnittshonoraren, die den Autoren vorenthalten werden.

Nach diesen detaillierten Schilderungen bekam ich einen leichten Schweißausbruch; am liebsten hätte ich Franz die Krawatte abgeschnitten und geohrfeigt. Aber auf Beteigeuze trägt man weder Krawatten noch Ohren. Daß die literarischen Zustände eines irdischen Landes auf einem fernen Stern verdoppelt und sogar systematisch ausgebaut würden – das konnte ich nicht glauben. Unterschätze nicht den Einfluß von Beteigeuze, sagte Franz bedeutungsvoll. Scheinbar völlig ohne Zusammenhang fiel mir der Buchtitel »Die grüne Seite« ein; und ich erinnerte mich, daß von mir selbst ein grünes Buch erschienen war. Franz, das grüne Männchen, sagte nur: Auf Beteigeuze trägt man keine Krawatten ... – Bis vor kurzer Zeit war ich noch leidenschaftlicher Krawattenträger gewesen! Plötzlich beutelte ich mich; das war ein Beteigeuze-Ausdruck.

Mit zitternden Händen fuhr ich mir an den Kopf, um meine Ohren zu fühlen; ich weiß nicht warum, aber ich konnte sie kaum ertasten. Wie zur Vergewisserung hob ich meine Hände in Augenhöhe und starrte sie an.
Sie schimmerten grün.

27. November 1977 (»Tagebuch«)

INGRAM HARTINGER

Sommer in Graz

Erfahrungen in diesen Wochen lassen mich folgende Zeilen schreiben. Erfahrungen mit mir selbst und mit zwei meiner Freunde, die hier den Sommer über in Graz geblieben sind. Mein erster Sommer in Graz, ein kühler Sommer, ein Sommer in einer Stadt, in der man ganz und gar unbeachtet verschwinden könnte. Und zwar für immer. Man könnte auch zu einer anderen Jahreszeit von sich fortgehen, ja zum Beispiel im melancholisch-poetischen Herbst, aber es hängt ja doch nicht von der äußeren Temperatur ab, wenn du »es« tust und warum.

Wovon also? Von der inneren Temperatur? Aber was ist das schon anderes als bloß eine psychologische Anspielung. Ich sage, man könnte verschwinden, ohne daß es andere bemerken. In dieser Stadt gibt es nichts, was dich in solch einer Situation rettet. Nichts. Du könntest schreien, und niemand hört dich. Es gibt Gasthäuser oder ein paar Zentren, wo »König Alkohol« herrscht. Lies Jack Londons sozialkritische Romane »Die eiserne Ferse« oder »Die Menschen des Abgrunds«. Hier findest du die Situation genau beschrieben. Oder geh in den Glockenspielkeller und lies Gorkijs »Nachtasyl«. Wovon hängt es ab, wann du »es« tust und warum?

Ende August. Eine Menge von Leuten ist jetzt auf Urlaub. Graz entleert sich, Menschen fahren fort, um nach erreichter Regeneration der Arbeitskraft wieder voll einzusteigen. In dem halbleeren riesigen Grazer Bauch rumort's nicht so stark, leicht apathisch dampft und pulsiert die Stadt in diesen Wochen dahin. Halbschlaf, Lähmung, Kopfschmerzen, Einsamkeit.

Mir fällt David Coopers Forderung an eine Stadtgemeinde ein. Einen Ort zu haben, wo man sich richtig ausschreien könnte, ausweinen. Wo du endlich dein Leiden ausdrücken kannst. Wo andere da sind und dich dabei begleiten, sich deinen Kummer anhören, dich SEIN LASSEN. Einen Ort, wo du wieder entdecken kannst, was dir fehlt, was du brauchst – wo du es mit den anderen entdeckst und dafür aktiv kämpfst, daß es dir und den anderen besser geht.

Aber nein, so etwas gibt es nicht in Graz. In diesen besagten Sommerwochen kommen daher jene Erscheinungsformen zur Geltung, die unsere Gesellschaft zum Selbstschutz und zur Kontrolle der »abweichenden Mehrheit« braucht. Das sind unsere bewährten Institutionen Gefängnis und psychiatrisches Krankenhaus. In diesen Wochen haben sie bedeutenden Zuwachs.

M. liegt im Feldhof jetzt. Ich hab' es erst einige Tage später erfahren. Eine aufmerksame Apothekerin entdeckte seine Absicht und meldete es gehorsamst dem zuständigen Fachmann weiter. Die Rettung erscheint, M. gibt den Widerstand auf, der Kampf ist aus, »zwar bin ich von den falschen Leuten gehört worden, doch besser als gar nicht gehört«, die Rettung biegt in den Feldhof ein. »Warum wollten Sie es tun?« war die Frage – darauf gibt es im ersten Moment keine Antwort. M. wollte mich vorher noch anrufen. Ich war nicht zu Hause. Einem anderen Freund ist es ähnlich gegangen: Seine Schwester rief ihn in der besagten Unglücksnacht vom entfernten München an und erreichte niemanden. In dieser Nacht hat sie's getan. Egal warum. Sie wollte leben.

Sommer in Graz. Niemand da. Ein paar Telefonnummern in der Geldtasche. Regen kommt in diesen Tagen so sicher, wie das Taxi kommt. H., der zweite Freund, fährt gegen drei Uhr früh sternhagelvoll mit dem Taxi nach Hause. Frau und Kinder abgehauen. Kein Wunder. Angst vor der letzten Ekstase und dem Recht, das er sich in radikaler Form nimmt, sich auszudrücken, sich mitzuteilen. Aber es muß schieflaufen so, Sommer in Graz – niemand da.

»Aber schau«, sagte ich zu ihm, »ich bin da. Gehen wir weg von diesem Gasthaus. Ich fahr dich nach Hause. Wir machen uns was zu essen ...«

Spät nach Mitternacht, draußen regnete es, kamen wir dann auf jenen Ort zu sprechen, wo man schreien könnte und weinen. H. starrte an die Wand. Er begriff nicht ganz, was ich meinte. Die Nachbarn schliefen ganz gewiß schon. Hier konnte man nicht schreien – höchstens weinen, still vor sich hin schluchzen.

Das tat H., vergrub seinen Kopf in seinen Händen und schwieg. Jetzt war es egal, was ich meinte. Er war auf dem Weg, sich auszudrücken, er kämpfte, und ich wollte bei ihm sein.

Viel später dann legte er eine Platte vom »guten, alten« Dylan auf. Eine Nummer, die mir gefällt. All along the watchtower.

In meinem Kopf übersetze ich langsam und mühselig einen Schlüsselsatz herunter: »Es gibt viele unter uns, die glauben, das Leben sei nichts anderes als ein Witz.«

Suizidversuch heißt es dann auf dem Überweisungsschein. Das Überweisungsschreiben des Arztes beginnt mit »An die löbliche Klinik«, – Datum: Sommer in Graz. Noch immer nichts, was dich in solch einer Situation rettet.

4. September 1977 (»Tagebuch«)

RAOUL HAUSMANN

Aufruf zur Fantasie

Das, was man heute unter dem Etikett Urbanismus versteht, ist weit entfernt von den ersten Versuchen der holländischen Architekten Oud und Rietveld.

Der aktuelle Urbanismus steht unter dem Einfluß von Le Corbusier, der sich an den navalen Konstruktionen inspiriert hat, an den Luxusschiffen.

Die Formel der jetzigen Architektur ist nichts als die Befriedigung der seßhaften Bedürfnisse des Bürgers, der nichts als Ruhe sucht und einen gewissen Komfort haben möchte (Zentralheizung, Kühlschrank, Waschmaschine, Fernsehapparat usw.).

Dies ist nicht das Ziel einer Architektur, die lebendig sein will. Das Leben ist fantastisch. Die architekturelle Umgebung des Menschen, sie auch sei fantastisch. Das Minimum vital ist weder fantastisch noch künstlerisch.

Also, was tun? Man muß den Urbanismus verlassen und vergessen, er ist nur eine Antwort auf ein Bedürfnis, keine lebendige Tat. Man muß das System des Bienenstocks verlassen. Der Mensch ist kein Roboterinsekt. Die Architektur der freien Vorstellung hat ungewöhnliche Funktion, sie ist etwas anderes als eine peinliche Fatalität.

Warum sollte die architektonische Fantasie nicht den Felsen gleichen, den Kristallen, Korallen und Pflanzen? Und warum überträfe sie nicht diese Formen durch ungewöhnliche und übermenschliche Formen? Dies ist die Frage. Man muß sie lösen.

Der Architekt ist derjenige, der die Tektur der Archetypen macht. Tektonik der Arche. Keine Wohnung der Gewohnheit, keine Kiste zum Be-Wohnen, Haus genannt.

Man schließt sich nicht in eine Kiste mit vier Wänden. Arche-Tektur, das ist alles, aber kein Kubus. Tektur, Textur, Struktur, angepaßt an die veränderlichen Temperaturen des Körpers. Architortur. Machen wir uns auf den Weg, weg von der Archi-Tortur.

Der Mensch glaubt sich klug. Er hat sich eine Verhaltensordnung geschaffen, die die Tiere und die Insekten auch haben, zum Teil sogar besser.

Er hat den technischen Fortschritt und das Vergnügen erfunden. Er hat eine große Menge der Vorstellungsmöglichkeiten verpaßt.

Schließlich hat der Mensch nichts vollbracht, als seine primitivsten Bedürfnisse zu befriedigen. Sich gegen Unwetter zu schützen ist eine Notwendigkeit. Der Mensch hat verschiedene Arten geschaffen, um sich einen Unterschlupf zu bauen. Heute verkriecht er sich in sogenannte urbanistische Zellen. Was tut er darin? Er steht, er geht, er setzt sich, und er legt sich hin, um auszuruhen.

Dem Menschen ist es nie gelungen, einen Stuhl zu bauen, in dem er sitzen kann, ohne daß seine Beine einschlafen. Dem Menschen ist es nie gelungen, ein Bett zu machen, in dem er anders schlafen könnte als ein gezähmtes Tier. Alle Bequemlichkeiten des Menschen sind nur das Ergebnis seiner Faulheit: er kann nichts erfinden, denn er will nichts als praktisch sein. Alle Relaxationsapparate sind nichts als Torturinstrumente.

Der Mensch der astronautischen Epoche darf nicht mehr in einem zementierten Bienenkorb wohnen. Er habe eine schwerelose Wohnung, wo er sich beliebig bewegen kann, gehen, liegen, frei, ohne Stütze, ohne Sprungfeder. Leb' wohl, Stuhl. Leb' wohl, Bett. Nicht mehr nötig. Natürlich auch keine Küche. Zum Teufel diese Küchen nach amerikanischem Muster, Kacheln aus Plastik, Bilder an der Wand – nein, nichts mehr davon! Schluß auch mit den großen Fressereien! Gute Küche, guter Keller! Nein! Sehr wenig Nahrung, um schlank und beweglich zu bleiben. Dick und fett sein ist strafbar.

In einer Antischwerekapsel schweben, ohne Komfort, denn Komfort ist nur Gehirnfaulheit der Dummköpfe. Diese antischweren Raumkapseln werden an Leitergerüsten aufgehängt, denn Leitern auf und ab klettern ist eine notwendige Übung für die Zirkulation. Diese Ansammlung von schwerelosen individuellen Kapseln mit ihren Leitergerüsten müssen jenseits der jetzigen Städte errichtet werden, diese sind ungesund und unsauber, sie müssen verlassen werden. Sie können bestehen bleiben, um als Büros und Fabriken zu dienen. Aber der Avantgardemensch muß selbst die Tektur der Erde verändern.

Unser Planet ist schlecht geschaffen, voll von unnützen barocken Dingen, unverkaufte Ladenhüter aus prähistorischer Zeit. Folglich, wir brauchen eine planetäre Architektur über der individuellen Architektur. Eine neue Ordnung und einen Erd-Arbeits-Plan. Fangen wir an!

Die Fantasie ist der erklärte Feind des seßhaften Lebens. Hat es jemals eine fantasievolle Architektur gegeben? Nein! Außer den astronomischen Konstruktionen der Prähistorie in Peru, Mexiko und Indien hat jede Architektur stets nur zur Befriedigung der Bedürfnisse des »gesunden Menschenverstandes« gedient. Selbst die Cheops-Pyramide ist voll von gesundem Menschenverstand. Also? Also, es muß alles geändert werden.

Vor allem das verdorbene Gebiß der Erde, die Alpen, der Himalaja, die Anden, die Kordilleren und andere bizarre Reste, Mißgeburten der Erde. Die Wissenschaftler wollen das Universum erobern? Das müssen sie anders anstellen. Es ist die Fantasie, die ihnen fehlt. Männer einige Kilometer über den Erdboden senden – oder bis zum Mond – ist nichts. Man muß die Erde von ihrer Bahn ablenken, wenn man die Bruderplaneten unseres Universums kennen will. Dazu muß man eine menschliche

Gesellschaft schaffen, die funktioniert, und man muß die Architektur der Erde selbst verändern. Anstatt die Völker in Kriege zu hetzen, muß man sie anregen zu Werken der Fantasie.

Man muß: die großen Städte von ihren Bewohnern leeren, diese neu einpflanzen entlang den hohen Gebirgsketten. Die verschiedenen Spitzen und Zacken hobeln und glätten, bis sie annehmbare Formen haben. Nach dem Ebnen und Polieren der ganzen Gebirge, die gänzlich überflüssig sind, gibt es andere Arbeiten.

Entlang diesen selben gesäuberten Graten muß man Gräben ausheben. Nicht einfach Gräben, nein, Gräben von zwei- bis dreihundert Kilometern Tiefe, natürlich von Meridianenlänge. Das ist zu gleicher Zeit die Lösung der sozialen Frage, denn dies gäbe für mindestens fünfzig Jahre eine schöne Beschäftigung für die gesamte Menschheit, die sonst nichts anderes zu tun weiß, als Kriege zu führen.

Also: die hohen Gebirge säubern, Gräben graben an ihnen entlang und, wenn alles beendet ist: die 12.000 Atombomben von Amerika und der UdSSR! Und mit dieser unvorstellbaren Kraft in diese Minen schießen, die man geschaffen hat.

Nun werdet ihr sehen! Die Erde wird ein wenig Purzelbaum schlagen, das macht nichts, denn sie wird sich lenken lassen, wohin man will.

So wird man die Brudersterne unseres Weltalls besuchen. Ganz gewiß!

Erdbewohner! Führt diesen Vorschlag aus. Es gibt keine andere Lösung!

4. März 1973 (»Konfrontationen«)

WILHELM HENGSTLER

Donald Duck

Früher wäre das einfacher gewesen. Da hegte ich eine reine Liebe für Donald Duck. Mittlerweile ist daraus eine mörderische Zuneigung geworden wie für mich selbst. Und im Fernsehen wurden die Nervenschweiß treibenden Anstrengungen einiger Norddeutscher gezeigt, die sich als Donaldisten ausgaben. Außerdem hat jemand unter dem Namen Grobian Gans ein Buch mit dem Titel »Die Ducks – Psychogramm einer Sippe« veröffentlicht.

Donaldismus bedeutet anscheinend, alles zu sammeln, was mit Donald Duck zu tun hat, oder sich über das Ducksche Zahlen-System mit seinen Billiarden und Fanatilliarden den Kopf zu zerbrechen. Zugegeben, auch wir haben uns mit zwölf, im Sammelalter, über die wundersame Lage von Entenhausen, irgendwo am Berührungspunkt der kanadischen Wälder mit der Sahara, Gedanken gemacht. Aber diese erwachsenen Leute aus dem Norden sind wie schnatternde Enten, die die simple Tatsache, daß Donald Duck in jedem von uns steckt, nicht begriffen haben; anscheinend blutarme Geistesarbeiter, die aus ihren Arbeitsstätten (Arbeit? fragt Donald aus der Hängematte herüber) schlurfen und, beeindruckt von der umfassenden vollmenschlichen Erscheinung der Ente, sich nicht anders zu helfen wissen, als gleich wieder in einen Donald-Duck-Clubraum hinein zu verschwinden. Und dort, anstatt sich zu fragen, was sie von ihm lernen könnten, vereinnahmen sie ihn mit Sammelleidenschaft und Pseudoernsthaftigkeit. Aber Donald Duck lebt, Leute, und ihr seid wie lohnempfangende Schatten.

Dagegen kann von dem Buch Grobian Gans' nicht gesagt werden, daß es ihm an Verständnis und Liebe fehlt. Aber ich finde es bezeichnend – und das ist Bertolt Brecht schon an Thomas Mann aufgefallen –, daß sein Autor bei der Auseinandersetzung mit einem wichtigen Thema gleich zur Ironie greift. Und wenn bei Thomas Mann die Ironie im Kleid der humanistischen Bildung daherkam, wird ihr jetzt, sozusagen als Legitimierung, der Mantel der Wissenschaftlichkeit umgehängt. Aber ganz im Ernst, mit Donald Duck sollte sich keiner Witze erlauben.

Persönlich habe ich gute Zeiten mit ihm erlebt. Zuerst zogen sie mich heraus in die Welt, und dann plärrte ich, sooft sie mir warme Sachen anzogen, weil es hinunterging in den Keller, wo alle Angst hatten, bis ein namenloser Bombenschütze das Eckhaus nebenan in eine Ruine verwandelte. Später plärrte ich, wenn sie mich dabei erwischten, daß ich Mickymaushefte (damals noch ohne Reklame) mit zweckentfremdetem Geld in dem Laden, der in der Ruine, untergebracht war, kaufte. Und wenn wir hinter die Regale krochen, gelangten wir in das Innere der Ruine und dann, über Schuttkegel und manchmal einbrechende Fußböden tastend, fanden wir uns plötzlich im Freien, gefangen zwischen Holundersträuchern.

Der Höhepunkt kam, als man die Ruine in ein Haus zurückverwandelte und der Laden während der Bauzeit in einer provisorisch errichteten Ziegelhütte auf dem Dreieck, einem Rasenstück Ecke Lagergasse/Rankengasse, untergebracht wurde. Ein durchdrehender Autofahrer rammte nämlich die Hütte, und all der prächtige

Schmutz und Schund wurde in unsere Wohnung gerettet, wo ich dann über mehr Donald Duck verfügte als je zuvor. Die Inhaberin ist gestorben, den Laden führt jetzt eine Firma, deren trübsinnige Auslage mir ihren Zweck nicht vermittelt, und der Neubau wird allmählich wieder zur Ruine.

Die Frage, ob Donald Duck schlechte Literatur ist, hat sich mir nie gestellt. Ich glaube, er ist ein gutmütiger, hochfliegender Fantast wie Don Quijote, ein jähzorniger, zerrissener Zweifler wie Hamlet und gleichzeitig pragmatisch und sentimental wie alle amerikanischen Helden zusammengenommen. Außerdem glaube ich, daß es zwei Frauen sind, die am meisten Einfluß auf die deutschsprachige Literatur genommen haben: Erika Fuchs, die seit Jahren die Donald-Duck-Hefte redigiert, und Eva Rechel-Mertens mit ihrer wunderbaren Übersetzung von Proust (das klingt snobistisch, aber Marcel Proust, der seine Suche nach der verlorenen Zeit mit der Anrufung seiner Laterna Magica – einem Comic – beginnt, hätte mir zugestimmt).

Das ist nicht die Rede von dem hysterisch plappernden Donald Duck der Zeichentrickfilme. Es wäre auch ein Mißverständnis, etwa Mickymaus oder andere wie Fix und Foxi an die Seite des Donalds der Sonderhefte zu stellen. Schon die Namen Fix und Foxi lassen auf Zerrbilder schließen, während Donald zwar angelsächsisch komisch klingt, aber Würde hat. Ich kann mich auch nicht für diesen Asterix erwärmen, der in Akademikerkreisen eine wohlwollende Aufnahme gefunden hat. Asterix, Obelix, Miraculix usw. sind komische Zeichen einer heruntergekommenen Altertumswissenschaft, die als Entschuldigung für die Leser dienen muß, sich mit etwas letztlich nicht Standesgemäßem zu beschäftigen. Tatsächlich entspricht dem reich abgebildeten Gesellschaftsbild in den Donald-Duck-Geschichten bei Asterix nur ein unangenehm stumpfer Nationalismus. Bezeichnenderweise liegt Donald häufig mit seinen Entenhausener Mitbürgern in Streit, während Asterix immer nur gefeiert wird. Um seine Überlegenheit darzustellen, muß der Gallier wie auf Schienen durch die Bildungstrümmer einer auslaufenden Antike von Sieg zu Sieg rasen, während Donald ständig nur am Rand eines Abgrundes taumelt. Außerdem ist Asterix nicht sauber. Er putscht sich mit Drogen auf.

Adam wird wohl der Lehmprototyp des Menschen sein. Und Donald ist der Zivilisationsprototyp, der einige Unfreiheiten erduldet, um sich die eine große Unfreiheit, nämlich Eingliederung, zu ersparen. Wie wir, gewinnt Donald manchmal und verliert meistens. Wie wir, ist er intelligent, aber niemals intelligent genug. Wie wir, hat Donald eine Menge für Geld, Frauen und Kinder übrig und gleichzeitig Schwierigkeiten mit ihnen. Kein Zweifel, diese Ente hat Menschenblut unter den Federn.

WILHELM HENGSTLER

Arbeitsmoral

Die Frage der Arbeitsmoral stellte sich (wie die meisten Menschheitsfragen) beim Trinken. Zufällig traf ich meinen prominenten Freund in einem sattsam bekannten Lokal der Grazer Innenstadt. Er wurde von einer jungen Verehrerin eingeladen, die die Farben der lebensfroheren japanischen Holzschnitte von Hokusai trug. Sie erbleichte nur ein klein wenig, als mein prominenter Freund einen doppelten Gin mit Zitronensaft bestellte. Ich verfolgte den Weg des Glases über die Theke, keine unbefugte Hand setzte den Gin an eine freche Lippe. Trotzdem rötete sich, nachdem der Eingeladene mit zugekniffenen Augen durchs Glas gespäht hatte, sein Kopf.

Seine Beschwerde, die vom Barkeeper im gleichen Stil zurückgewiesen wurde, trug er mit äußerster Lautstärke und zu Recht vor: komplizierte Nachmessungen ergaben eine fehlende Flüssigkeitsmenge. Wiedergutmachung lehnte der Benachteiligte, ins peripher gelegene L'Equipe aufbrechend, ab. Und seine Begleiterin nahm alle Schuld auf sich, weil sie selber die Bestellung aufgegeben und der Keeper bei ihr als Frau richtig angenommen habe, daß ihr die angemessene Menge unbekannt sei.

Zurück gebliebene Augenzeugen erörterten die Motive des stillen Mannes hinter der Bar.

War ihm der brüllende Discosound in den Kopf gefahren? Hatte er sich die pekuniäre Differenz doppelter/einfacher Gin unter den Nagel reißen oder einfach dem Chef was ersparen wollen? Und warum hatte er nicht sofort nachgeschenkt, ohne sich erst auf einen Streit einzulassen? Es stellte sich heraus, daß der Mann mit seiner

Frau, die finster in einer Ecke saß, Streit gehabt hatte und nicht in Form war.

Für einen Trinker ergeben freilich die verschiedensten Motive denselben Effekt. Der Job eines Barmannes besteht darin, Verständnis und Stil zu bewahren, während es das Privileg des zahlenden Gastes ist, Gefühlsmüll und Aggressionsgeröll abzuladen. Gerade Barmixer haben eine hohe Vorstellung von ihrem Beruf, die sich in einigen Musterprozessen um die Frage, ob sie als Angestellte anzusehen seien, niedergeschlagen hat. Einer erzählte dann von dem Barkeeper aus dem klassischen Kriminalroman »Der lange Abschied« von Raymond Chandler. Eigentlich ist es aber der Privatdetektiv Philip Marlowe, der über eine Arbeitsmoral verfügt. Für lumpige Spesen und ein Erfolgshonorar läßt er sich mit Wagenhebern den Kopf weichhauen, steht sich die Beine in den Bauch, macht sich bei der Polizei unbeliebt, um seine Auftraggeber zu schützen, und legt sich zuletzt noch mit seinen Klienten an, nur um eine Wahrheit zutage zu fördern, die jedermann außer ihm unbequem ist.

Er ist stolz auf seine Unabhängigkeit, die es ihm erlaubt, eigene Maßstäbe an seine Arbeit zu legen, und er hat das Gefühl, daß er zur Gerechtigkeit in dieser Welt beiträgt, wenn er gute Arbeit leistet.

Aber unter dem Funkeln des Alpendollars ist einer, der bessere Arbeit leistet als verlangt, ein Narr. Kleinunternehmer sind keine schimmernden Helden. Und außerhalb der Kriminalmärchen, der literarischen Form eines schönen, aber vergangenen Individualismus, wäre es für einen Arbeitnehmer selbstmörderisch, die Ausbeutung durch seinen persönlich ohne weiteres liebenswerten Arbeitgeber auch noch zu verinnerlichen. Seit Adam Smith, seit dem Taylorismus, seit den perfektionierten Methoden, aus der Arbeit nur und möglichst viel Leistung herauszuquetschen, geht es nicht mehr darum, möglichst schöne Nägel zu machen, sondern nur noch um möglichst runde Nagelköpfe oder spitze Spitzen. Das Ergebnis arbeitsteiliger Fließbandarbeit bleibt fremd, läßt keine andere Erinnerung als die der Monotonie zurück und bietet wenig Anlaß zur Selbstachtung. Selbstachtung erkauft man sich mit dem Roboterlohn, indem man als freier Konsument auftritt. Im Industriezeitalter ist kaum einer mehr, was er macht, sondern nur noch, was er hat beziehungsweise auszugeben imstande ist. Und das Hochgefühl des Konsumierens muß durch ständige Wiederholung des Kaufaktes aufgefrischt werden. In immer kürzeren Abständen werden immer kurzlebigere Waren produziert, angeboten und gekauft. Versuchen Sie einmal, ein Kühlschrankaggregat reparieren zu lassen: weg damit, kaufen Sie lieber einen neuen.

Es ist an der Zeit, die klassische Überlegung, was einem mehr einbringt, zu überlegen.

Der Herausgeber des österreichischen Wochenmagazin, P. M. Lingens, schrieb einmal mit unverständlichem Stolz, daß seine Mitarbeiter Einkommenseinbußen in Kauf nähmen, nur um in seinem Blatt schreiben zu dürfen. Natürlich müßten wir, wenn wir aus unserer Arbeit glücklich sein wollten, lernen, mit weniger zufrieden zu sein. Mehr als bisher sollte man sich überlegen, was man wirklich gern macht, und dann viel an die Verwirklichung dieses Wunsches setzen. Aber es ist absurd und empörend, eine glückliche und erfüllte Berufswahl als Privileg der Reichen und Superschlauen zu nehmen. Die immer wiederkehrende, resignierende Feststellung von Arbeitern: »Wir haben ja keine andere Wahl, als zufrieden zu sein«, sollte nicht als Zeichen dafür genommen werden, daß die Arbeitswelt nicht verändert gehörte. In der neuesten statistischen Erhebung der BRD ist zu lesen, daß auch für Männer Familie und Freizeit mit Abstand wichtiger sind als ihre Arbeit. Die Frage der Arbeitsmoral stellt sich also (wie die meisten Menschheitsfragen) beim Trinken. Die chancenlose Arbeitsmoral wird umgepolt in eine Trinkmoral.

5. März 1978 (»Tagebuch«)

WILHELM HENGSTLER

»Kalendergekritzel«

»Newton ist tot. Einstein ist gestorben, und mir ist auch schon ganz schlecht.« Mein Geburtstag fällt – bedauerlicherweise – auf den 3. Jänner. Diese gnadenlose Verzahnung des Lebensalters mit dem erzenen Takt der Uhren und Kalender schmerzt. Glücksklee, Marzipanschweinchen, Bleigießen und die Verwandlung der Zunge mittels schwerer Schnäpse in einen Autoteppich sind nur heidnischer Verniedlichungszauber. Dabei ist der Horror, der gebannt werden soll, nicht die Todesangst. Mir ist die Erinnerung an den Zustand vor meiner Geburt nicht unangenehm. Und da das mein einziger Erfahrungswert über die Existenz beziehungsweise Inexistenz im Jenseits ist, sehe ich dem Tod durchaus stoisch entgegen.

Was schmerzt, ist immer die gerade herrschende Zeit; stets möchte man in einer anderen sein. Die Übermacht des Möglichen und die Schwäche des Faktischen charakterisieren das Lebensgefühl. Anläßlich des rituellen Aufräumens zum Jahresende wird die vergangene Zeit besonders als Mangel empfunden. Das Austauschen abgelaufener Kalender, das Einordnen wiedergefundener Briefe, die Durchsicht der Notizbücher zeigen: papierene Museen gescheiterter Beziehungen, Vornamen, die keine Nachnamen und Gesichter mehr haben, echte Zuneigung, die man abgelehnt, berechtigte Vorwürfe, die man als Beleidigung aufgefaßt hat. Am verblüffendsten ist aber das Schrumpfen großer Ereignisse, wichtiger Beziehungen zu hingekritzelten Telefonnummern, Namen, Uhrzeiten. Dagegen sind die Nonsenszeichnungen, die »Sager« und »Sprüche«, die man irgendwo aufgeschnappt hat, von plötzlicher Aussagekraft;

apokalyptisches Gekritzel, ungewollte Aufstände gegen Zustände, spontane Utopien. Die Kalenderlinien – grafisches Korsett der Zeit – sind überzogen von aggressiven »ready mades«, das Banale wird zum kreativen Amoklauf.

»Arbeit adelt! Ich bleibe bürgerlich« oder »Hier ist schon manches Genie zum Idioten geworden! – Hier ist schon mancher Idiot zum Genie geworden!« zielen auf das Betriebsklima. Ein grünes, aztekischer Mythologie entsprungenes Ungeheuer schickt sich an, das Wort »Dienst« zu verschlingen. Der Kommentar zu einer Nachtschicht lautet: »Wer baggert so spät im Baggerloch? Das ist der Bagger, der baggert noch!« Messianische Berufsvorstellung des Journalisten, lustvolle, unausrottbare Neigung zu Hohn präsentiert folgende Version des heiligen Christophorus: Aus dem Stab ist ein Federstiel, aus dem Christuskind eine Schreibmaschine, aus dem umgehängten Kreuz ein Fotoapparat geworden. Statt eines Colts (die Heiligen des audiovisuellen Zeitalters stammen meist aus dem Wilden Westen) hat der Christophorus ein Telefon im Halfter. Und unter der kurzen steirischen Lederhose ahnt man einen gewaltigen, aber demonstrativ schlaffen Penis. Sprüche wie »Alle sind zufrieden, keiner ist glücklich« oder »the torture never stops« stehen unter Selbstporträts. Die sind, Fluchtwünsche ausdrückend, häufig in exotischer Kostümierung gehalten (mexikanisch). Die eigene, im Gekritzel ausgelebte Rollendistanz zeigt die Figuren in schräger Haltung und mit skeptischem Blick. »I am nothing! Richtig«, »Who are you? Nobody«, »Set me free!« oder »Get out of this cage!« demonstrieren, daß immer mehr Empfindungen englisch und im Idiom der Popkultur ausgedrückt werden. Auf einem Selbstbildnis lächelt der Künstler und zeigt statt der Zähne ein Hakenkreuz, auf einem anderen Bild liegt »Yeti unterm Sonnenschirm in St. Tropez«.

Frustration schafft sich Fluchträume, der Sprengsatz dazu ist die massive Provokation von Geschmack und Regeln;

Gewalt und Sexualität sind die Vehikel: Ornamente werden zu Handgranaten, ein mit Orden gepanzerter Mann hat ein Gesicht aus zwei Gesäßhälften, es gibt einen »Löffel zum Replazieren des Augapfels«, und eine Schreibmaschinentaste sieht aus wie ein »kosmischer Hammer«. Sexualität hat immer noch (oder schon wieder) große anarchische Kraft: »I can get no satisfaction, if my girl is not in action« beziehungsweise »If your boy is not in action, you must make selfsatisfaction« oder »Ora et Deflora«. Freiheit symbolisierendes Standardmotiv sind natürlich Vögel und Wolken. Beim »Uivogel« gehen Freiheit und Obszönität eine unheilige Verbindung ein. Seine überdimensionierten Hoden veranlassen ihn zu dem Klageruf »Uiuiui, das Landen, das ist pfui«. Schließlich, die Weichteile von einem Reißnagel durchlöchert, streckt der »Uivogel« alle zwei von sich. Im Hintergrund, das Todesmotiv verdoppelnd, eine Vogelscheuche. Dazu passende Todessprüche: »Früh gewagt ist früh gestorben«, »Leichen sind wie du und ich. Nur tot«, »confusion will be my epitaph«.

Zu Zeiterscheinungen finden sich ohnmächtig-zynische Kommentare: »Atomkraftwerk? Ja bitte!« oder »Ich bin klein, mein Herz ist schmutzig. Das macht das Strontium, ist das nicht putzig?« Eminent politisch auch: »Hat Softeis noch Zukunft?«, »Freiheit für Luis Trenker! Nieder mit dem Watzmann! Rote Alpen Fraktion!« und: »Wer über den Rand schreibt, übertritt auch die Gesetze!«

Wenn vom politischen Engagement eines ganzen Jahres hauptsächlich Nonsensverse überleben, sind meine guten Vorsätze zu Neujahr auch nur Blendungsmanöver; Vorwände der alten, zu bleiben. Trotzdem, um mit einem Popsong zu enden: »Nein, das ist (noch) nicht das Ende der Welt. Gestrandet mein Leben lang, und das Spiel geht weiter.«

27. Dezember 1980 (»Tagebuch«)

KLAUS HOFFER

Ich hasse Feindseligkeiten, bin gern unter Menschen. Ich verbringe den einsamen Vormittag im stumpfen Ritual eines Gebets. – Wenn ich dann aus dem Keller komme, sind meine Pupillen schon kalkweiß, wie Sehflecken von Höhlentieren; mein Herz schlägt, und in meinem Körper bebt es wie von einer vorzeitlichen Erdbewegung.

Ich erzähle gern und höre gern zu: »Beim Aufstehen vom Tisch schlug meine Frau mit der Kniescheibe gegen die Tischkante; beim Niederbücken stieß sie mit dem Kopf gegen ein Wandbrett, und eine Platzwunde wie eine Frucht ging an ihrer Schläfe auf. Das Blut rann ihr in einem dünnen Streifen über den Haarboden. Als sie vor Schmerzen aus dem Zimmer torkelte, rannte sie, als ob sie links nicht sehen könnte, gegen die Kante der offenstehenden Tür.«

Ich höre gerne erzählen und erzähle gern selbst: Wenn ich vormittags allein übers Glacis spaziere, spitze ich die Lippen und lasse wen in meinem Inneren einen komischen Satz sprechen. – Da kracht es dann im Brustkasten, als ob wer in der Tiefe eines Berges hackte.

Mein Körper wird lang und dünn, und meine Wangen blasen sich auf für einen Pfiff.

Ich lese täglich in einem Caféhaus am Rand des Stadtparks die Geschichten von Charlie Kappl. – Ich denke an Vonneguts Erzählung von einem außerirdischen, intelligenten Wesen, das auf die Erde gekommen war, um den Menschen zu zeigen, wie man Krebs erfolgreich bekämpft und heilt, das aber, seiner Kleinheit wegen, von einem Erdenbewohner für ein Zündholz gehalten und dadurch getötet wurde, daß dieser es an der Unterseite der Bar anzureiben versuchte. –

So geht das.

Ich esse zu Mittag in einem oststeirischen Gasthaus ein herzlos zubereitetes Mittagessen, für das ich einen viel zu hohen Preis bezahle.

Ich lese die Beschriftung an den Klosettwänden. Ich lese: »Those who write on heaven's walls / should mould their shit in little balls! / And those who read these lines of wit / should eat those little balls of shit!«

So soll es sein.

Ich gehe auf mein Schulgebäude zu, daß es mich aufnimmt. –

Der Augenblick, in dem ich wieder die Klasse betrete, wird wieder sein wie der Augenblick, in dem das Wasser klatschend um einen schweren Gegenstand aufspritzt. –

Die Leute stehen verlegen in einiger Entfernung an der Wand.

Ich kenne schon alles.

Ich lasse meine Schultasche im Bogen auf den Katheder fallen – man kennt mich schon.

Ich lasse meine Hände im Inneren der Tasche – was bringe ich heute mit? Jemand muß die Tafel abwischen! Ich bewege mich wie im Wasser. Ich lasse mich in den Stuhl fallen – heuer gibt's wieder ein Klassenfoto. Es ist mir etwas ins Auge geflogen. Ich gebe meine Erklärung ab.

Karten spiele ich mit meinen Freunden in den Freistunden. Wir zwicken die Augen zusammen, wenn ein As den Buben decken muß. – Unter dem Tisch schlagen unsere Füße ziellos aus. Wenn ich ins Freie trete, bin ich blind, lasse die Autos und die Häuser und alles kurz auf mich einwirken.

Ich laufe humpelnd über die Straße zum Fleischhauer, den linken Handrücken lahm auf den Buckel geschlagen. Ich lese die Zeitung dreimal. Einmal die Sensationen und das Kinoprogramm, einmal will ich mich informieren – da wetzen sich dann die Messer in meinem Kopf, einmal suche ich die Namen meiner Freunde.
»Auf einem fremden Stern«, lese ich, »leben intelligente Wesen, die unseren Automobilen gleichen, nur suchen sie sich ihre Nahrungsmittel selbst, lassen lange, schlauchförmige Rüssel in die Erdölquellen hängen und saugen den Kraftstoff auf. Sie vermehren sich mit Hilfe von Eiern, in denen sich kleine, vollausgebildete Autos befinden.«
So geht das!

Ich rauche zuviel. – Wenn ich schreibe, ziehe ich die Worte »förmlich« aus meiner Zigarette. Wenn ich die Finger von der Schreibmaschine genommen habe, um nachzudenken, reibe ich mir die Hände über der Tastatur. – Meine Frau schläft schon im Nebenzimmer. Ich bin unruhig.

Wenn ich die Augen vor dem Einschlafen schließe, habe ich Todesangst. Ich sperre die Lider auf, weil es nicht ganz dunkel sein darf, wenn ich schlafen gehe. Ich mache das Fenster auf, ziehe den Vorhang zur Seite und das Rollo ein wenig in die Höhe. Ich blicke durch einen Spalt auf die Straße, über die Gärten.
Die Stille breitet sich im Ohr aus wie ein Knall.

Im Zimmer nebenan, das noch zu meiner Wohnung gehört, steht ein Mann. Es ist ganz dunkel da draußen, und er rührt sich nicht. Ich mache ein Geräusch, höre ihn kaum wieder die Stiegen hinunterhuschen, sitze nur aufrecht vor Schrecken in meinem Bett. Im Stock darunter kann ich das hell erleuchtete Klosettfenster ausmachen. – Da ist der Mann drin! Da ist der Mann drin!

Ich höre eine Wagentür zufallen, das Auto hebt sich geradezu von der Bordsteinkante.

Ein Hund schlägt an, die Türglocke ertönt überlaut, ich sehe nach, mache auf – meine Freunde verteilen sich geräuschvoll in meinen Zimmern. Ich halte eine kleine Ansprache. Es ist halb sieben Uhr früh.

21. September 1974 (»Tagebuch«)

FRANZ INNERHOFER

Sprache als Zuflucht

Von meinen 30 Jahren habe ich 23 gebraucht, um nicht zu einer bestimmten Zeit aufstehen zu müssen. Seit einem Jahr bin ich Schriftsteller. Ich schreibe da etwas über mich, um mir eine Reise nach Anspach zu finanzieren, dort will Karin Struck für deutsche Zeitungen mein erstes Buch besprechen. Den Auftrag für diesen Beitrag habe ich von Alfred Kolleritsch.

Die Sprache ist zu meiner Zufluchtsstätte geworden. Auf der Universität, die ich völlig eingeschüchtert und mit Ehrfurcht betreten habe, ist mir nach einigen Semestern vorgekommen, als hätte ich mich verirrt. Durch die großen Fenster sah ich während der Vorlesungen draußen Menschen Handarbeit verrichten. Immer öfter mußte ich dann mein Herumsitzen in Frage stellen. Als Bub habe ich mit Melkstühlen auf Kuhrücken geschlagen, nicht weil ich Kühe gehaßt habe, sondern um Zeit zu gewinnen, denn Kühe müssen zu einer bestimmten Zeit gemolken sein. Ich sitze in Salzburg. Ich kann mir hier vom Tisch aus einen Milchtransport vorstellen, weil ich oft dabei war. Ein Jahr lang hat mich der österreichische Staat unterstützt. Nun soll ich mich selber durchschlagen. Das ist nichts Neues.

Ich habe gestern einen Fehler begangen. Da ich den ganzen Tag viel zu tiefsinnig über mich als Schriftsteller geschrieben habe, glaubte ich am Abend, als einer der Mitbewohner ins Haus kam, ihn mit meinen Sätzen begeistern zu können. Ich las ihm fast zwei Seiten vor und wartete auf sein Urteil. Er schüttelte den Kopf und sagte, er könne zunächst nichts dazu sagen, denn er habe vorher eine wissenschaftliche Arbeit gelesen, warnte mich aber, daß er ein Nörgler sei. Später kritisierte er den Text und mich. Das Dumme dabei war, daß ich den Text noch nicht fertig hatte. Heute morgen faßte ich den Entschluß, mein Wehwehchen, voreilig Texte vorzulesen, endgültig zu überwinden. Um diesen Entschluß zu bekräftigen, schreibe ich heute einen neuen Text.

In der Früh bin ich voller Energie. Am Abend bin ich unzufrieden. Selbst wenn ich mit dem zweiten Roman, den ich nun bald fertig habe, gut vorankomme, habe ich am Abend immer noch das Gefühl, nicht genug getan zu haben. Obwohl ich schreibe, fühle ich mich nicht als Schriftsteller. Als Schlosser oder Schmied in eine Werkshalle gehen, möchte ich nicht, obwohl ich das auch gemacht habe. Und welchen Sinn würde das ergeben? Aufsteigen, um wieder abzusteigen? Wozu hätte ich mich aus der Landarbeit freigearbeitet, um Facharbeiter zu werden? Wozu hätte ich am Abend die Matura nachgeholt, um studieren zu können? Wozu hätte ich ganze Nächte getrunken und geraucht, geredet, wozu wäre ich stundenlang mit dem Rücken auf dem Bett gelegen? Ich bin den Kapuzinerberg abgesprungen, habe ein Kind gezeugt und mich danach gewehrt. Ich bin auf der Stelle getreten und habe meine Umwelt traurig und halb verrückt gemacht. Ich lamentiere. Ich lamentiere über die Bedingungen, unter denen ich nicht so arbeiten kann, wie ich möchte. Die Schriftstellerrolle paßt mir nicht, dieses muffige Bürgergewand will ich erst gar nicht anziehen. Und tanzen will ich nur, wenn mir danach zumute ist. Ich bin Landarbeiter-, Bauern- und Arbeiterdichter.

Unter dem Titel »Anregung für Literatur und Wissenschaft« lese ich: »Salzburg (SN). Die Salzburger Kammer für Arbeiter und Angestellte hat beschlossen, Förderungspreise für Literatur, bildende Kunst und sozialwissenschaftliche Arbeiten auszuschreiben. Der Förderungspreis für literarische (einschließlich Schauspiel) und künstlerische Arbeiten beträgt 15.000 Schilling. Die Arbeiten, die einen Beitrag zur Darstellung der gesellschaftlichen Situation des österreichischen Arbeitnehmers leisten sollen, sind bis zum 31. März 1975 bei der Kammer für Arbeiter und Angestellte in Salzburg einzureichen. Teilnahmeberechtigt sind österreichische Staatsbürger, die Arbeiter oder Angestellte sind. Der Arbeit ist ein Lebenslauf beizuschließen, aus dem auch die berufliche Entwicklung hervorgeht.«

15.000 Schilling für eine Literatur, die sich um den Arbeiter kümmert, und die Einreicher müssen Werktätige sein. Das ist eine Beleidigung, eine Beleidigung sowohl für den Schreiber als auch für die Arbeitnehmer, ja, dieser kurze Zeitungstext enthält eigentlich den wesentlichsten Beitrag zur Darstellung der gesellschaftlichen Situation des österreichischen Arbeitnehmers, er gibt klar Auskunft: wieviel Arbeiterleben in einer Arbeiterkammer wert ist.

Ich fühle mich tatsächlich sehr angeregt.

Ich weiß, was ein Spucknapf ist.

Ich weiß, was eine Suppenschüssel ist.

Gestern noch machte ich mir heftige Vorwürfe, fluchte auf den Schreiber in mir und bekämpfte ihn mit Alkohol. Heute wird mir bewußt, daß ich all diese Jahre unrecht hatte, indem ich mir selber nie recht gab, ich hörte zu und hörte zu und ging weiter, paßte mich meiner jeweiligen Umwelt an, den Magen immer voll Speichel. Ja. Die Sprache ist zu meiner Zufluchtsstätte geworden. Ich kann Dinge und Zustände beim Namen nennen, das kommt, weil ich so viel geschwiegen habe. Gestern noch hatte ich Angst vor dem Vorwurf, nur für mich zu schreiben, heute weiß ich, daß ich mir eine Geborgenheit erschreiben wollte, die ich nicht finden kann. Ich vermisse rundherum Selbstkritik. Ich selber bin vor mir davongelaufen, in Parolen und Phrasen. Die Flucht in einen abstrakten Begriff löst nichts, verändert nichts, diese Flucht in die Begriffe ist nichts als ein Weggehen von sich selber, jeder ist irgendwie zu feige, seiner Umwelt Widerstand zu leisten, jeder entschuldigt sich ökonomisch, das treibt mich in die Ecke.

Immer den Mund halten müssen ist schlimm. Ich habe dreimal das Milieu gewechselt und bleibe jetzt einmal sitzen. Meine Literatur ist immer noch viel zu schüchtern gegen mich und die anderen, aber das wichtigste scheint mir, daß ich mich heute entschlossen habe: ich mache weiter, ich werde meine Erfahrungen zu Papier bringen und setze mich der Kritik aus.

3. August 1974 (»Konfrontationen«)

GERT F. JONKE

Beginnender Badetag

An diesem Punkt meines Lebens wanderte ich durch eine Pappelchaussee, die sich vom Stadtrand zum Ufer des Sees zog und einen schon eine halbe Ewigkeit aufgelassenen und deshalb fingerdick verrosteten Pferdestraßenbahnschienenstrang einsäumend begleitete, dessen schwarze, in den sumpfigen Boden hineingeschraubten Bahnholzschwellen, zwischen denen Huflattichpolster und Birkensträucher den Bahnkörperschotter überwucherten, noch immer einen intensiven Teergeruch absonderten, welcher auf die in dichten Schwärmen darübersegelnden Schmetterlinge eine euphorisierend-anregende Ausstrahlung gehabt haben dürfte, weil die Schmetterlingswolkenschleier in den schwankenden Luftpolstern zwischen den verrosteten Schienen choreografisch exakte Tänze aufführten, in denen es darum zu gehen schien, einander möglichst viel vom bahnkörperholzaufwärts schwebenden Teergeruch zuzufächeln, der in der Hitze dieses Sommers vom Straßenbahnkörperholz ausgeschwitzt wurde, das trotz der vielen vergangenen Jahrzehnte noch immer keinerlei Anzeichen einer begonnenen Vermorschung aufwies, sodaß ich den heimlichen Verdacht nicht loswurde, die Bahnschwellen würden nach wie vor noch immer regelmäßig gebeizt, gepflegt, gewartet, ja mitunter ausgewechselt oder erneuert, die stets verblüffend schwarzfrisch glänzenden Balkenoberflächen ließen mich darauf kommen, daß womöglich mit dem Befehle der Stillegung der Pferdestraßenbahn vergessen worden war, auch die gleichzeitige Einstellung der Schienenschwellenwartung zu befehlen, die deshalb auch heutzutage noch immer erfolgte, obwohl die letzten Pferde des allerletzten Straßenbahngespanns nachgewiesenermaßen bereits im Herbst des letzten Jahres des vorigen Jahrhunderts, wie man in der Stadtchronik nachlesen kann, zum letzten Male den letzten Straßenbahnwaggon mit den allerletzten Herbstbadefahrgästen des letzten Jahrhunderts und dem damit verbundenen unvermeidlichen Personalüberbleibsel zwischen den Schienen hufklappernd hinter sich her vom Strandbadufer des Sees durch den Sumpf ins Zentrum der Stadt gezogen hatten und anschließend in den Schlachthof geführt worden waren, der sich auch heute noch im Nordstadtteil befindet, welcher von einem ständigen riesigen Rauchbovist eingehüllt wird, weil die Schlote der dortigen Industrieanlagen viel zu nieder gebaut wurden, so daß der aus ihnen aufsteigende Rauch nicht von den darüber hinwegziehenden Wind- und Wolkenströmungen mitgerissen werden kann, sondern die umliegenden Häuser einhüllt, woran sich auch dann nichts geändert hat, als man die Höhe der Schlotrohre verdoppelte, denn je höher man die im Himmel herumstochernden Ziegelrohre aufstockte, desto höher zogen auch der Wind und die Wolken über diesen Stadtteil hinweg, ganz so, als wären die Wetter den immer neuerlich aufgestockten Schloten als einer Art lästigem Hindernis immer neuerlich aufsteigend ausgewichen, bis eines Tages die Schlote derart hoch gewesen seien, schreibt der Chronist, daß sie zwangsläufig umgefallen und eingestürzt, weil man es offenbar verabsäumt habe, die Schlote im Laufe ihrer ständigen Erhöhungen gleichzeitig auch nach und nach dementsprechend zu verdicken, ja die Schlote sollen im Verhältnis zu ihrer unglaublichen Höhe viel zu schlank gewesen sein, und sie hätten nicht nur höher, sondern auch dicker werden müssen, wenn sie weiter aufrecht stehen bleiben hätten sollen.

Endlich erreichte ich das im Rokokostil errichtete Portal des Haupteinganges des Strandbades, ich war der erste zahlende Badegast an diesem Morgen, das Gebäude der Kleiderablage stand noch leer und verlassen am Rande der Badewiese, es handelt sich bekanntlich um einen mehrstöckigen, überdachten, zinshausgroßen, offenen Komplex, durch dessen einzelne Stockwerke teils längs und teils quer von Wand zu Wand dicke Holzstangen gespannt waren, an welchen eine Unzahl von leeren Kleiderbügeln dicht aneinandergereiht hingen und vom Morgenwind klappernd geschüttelt wurden. Zwei für unser Gewand geeignete Bügel suchend, durchwanderten meine junge Begleiterin und ich diese reichhaltige Kleiderrechensammlung, die, wie auch das Gebäude selbst, schon sehr alt und historisch bedeutsam und von den Denkmalpflegern geschützt wird, denn in früheren Zeiten sollen sämtliche Bewohner der Stadt ihre sämtlichen Kleider von Zeit zu Zeit im Wasser des Sees gewaschen oder von ihren Dienstboten waschen lassen und sie hernach hier im offenen Kleiderbügelhaus zum Trocknen in den Wind gehängt haben, von dem das Kleiderbügelhaus auch heute noch durchblasen wird, ja, das war uns besonders im letzten Stock des Gebäudes fühlbar geworden, von wo wir einen guten Ausblick über den See hatten, der als grün umrahmter Konkavspiegel bis zum Horizont gebreitet war, in den er sich mit seinem Schilfring am gegenüberliegenden Ufer hinaufhängte, in den Himmel hineinhängte, während wir unsere ausgezogenen Kleider auf zweien der Tausenden Kleiderbügel in den Wind hängten, der plötzlich sehr kühl geworden war, und wahrscheinlich hatten wir uns deshalb auf einmal umarmt, jedenfalls glaubte ich, auf ihrer weichen Haut meinen zitternden Körper zu spüren oder so, und ich vergrub meinen Kopf in ihren langen Haaren, durch die ich gelb verschleiert die morgendlich verrauchte Silhouette unserer verkaterten Heimatstadt sah, während hinter uns die Strandarbeiter gerade damit beschäftigt waren, die Badestegbretter, die jeden Abend von den Badestegbohlen abgedeckt und eingelagert werden, um sie einem ansonsten sich unweigerlich einstellenden Diebstahle zu entziehen, wieder auf den Badestegbrücken aufzubreiten.

12. September 1976 (»Tagebuch«)

ALFRED KOLLERITSCH

Wird einmal das Ende der öffentlichen Redewendungen kommen? Jeder redet, ob so oder so. Es geht einfach. Man wird gemacht und folgt. Im Grunde aber will niemand folgen, und es ist jedem unangenehm, wenn er es muß. Nur wenn es ums Reden geht, redet jeder drauflos, als wenn ihm mit den Wörtern die Sachen gegeben worden wären.

Vor allem möchte ich die Literatur erwähnen. Wo immer man hinkommt, ohnehin voller Brandblasen, weil man seine Sache auf die Gegenwart gesetzt hat; keine schlechte Sache, wie man glaubt, weil jeder, der lebt, in der Gegenwart lebt. Aber man irrt sich. In einer bestimmten Form der Sprache ist die Zeit stehengeblieben. Diese Sprache ist so gesättigt, daß sie nichts mehr aufnimmt.

In sich abgekapselt, reduziert sie das Denken, reduziert sie vor allem die Wahrnehmung, die Freude, das Neue zu sehen, zu hören, es anzugreifen, mit ihm zu leben, gleich dort, wo man ist, atmet, sich ängstigt, wo man erfährt, was Leben heißt, wo man glauben sollte, daß man sich Gedanken über dieses Hier und Jetzt macht. Mitnichten. Vor jede Tatsache schiebt man den Karren der verschlissenen gesellschaftlichen Scheinklarheit, baut einen Wall von Absicherungen und Wesenhaftigkeiten, die für eine bestimmte Sprache und damit für eine bestimmte –

die bestimmende – Gesellschaftsschicht maßgebend ist.

Wenige wollen der Gegenwart mit Gegenwart begegnen, wenige haben den Mut, ohne Sprachgehorsam ihre Erfahrungen zu prüfen, um der Zukunft, in die die Welt hineinläuft, mit einer ehrlichen, selbst erworbenen Empirie zu begegnen.

Sollten nicht die Schriftsteller neue Wahrnehmung provozieren, »eine mögliche Lebensform in der Gesellschaft vorführen« (Handke)? Aber sind die Schriftsteller in Österreich nicht gerade dabei, sich mit Redewendungen voneinander abzuwenden – anstatt sich dem zuzuwenden, was das Schreiben allein noch rechtfertigt?

19. August 1973 (»Konfrontationen«)

ALFRED KOLLERITSCH

Südsteirisches

Die Steiermark besteht aus so vielen Teilen, sie ist in sich so unterschiedlich, daß man ihr kein gemeinsames Merkmal zuweisen kann. Es gibt keine Idee »steirisch«, kein Ganzes, das die Teile umfaßt.

Der Steirer, so er nicht aus politischer oder reaktionärer Opportunität ein steirisches »Wesen« ersinnt, ist Nominalist, ein Mensch also, der das Einzelne als Erstes und Einziges voraussetzt und das Allgemeine ein Gedankending sein läßt. Der Nominalist sorgt, daß es den gereinigten Begriff »steirisch« gibt.

Die Fülle des Einzelnen, der berauschende Wechsel, das Spiel der lebendigen Äußerungen – die schroffen Kalkfelsen und die bewaldeten Vulkankegel, der Almbauer und der Weinbauer, die Traditionen und DIE Traditionen drängen sich, Inhalt der »Idee« zu sein –, daß es wesentliche Inhalte sind, darum geht es uns Nominalisten!

Wie viele sind nicht schon der Idee »steirisch« wegen angereist. Ich kann nur berichten, was Schriftsteller gesagt haben. Sie dachten die steirische Literatur zwischen steilen Gebirgswänden angesiedelt, eingekeilt zwischen Fichten und Tannen, vermuteten vom Furor poeticus ergriffene Waldbauern als Dichter, fürchteten den schweren, sauren Wein, das Kernöl und das magische Wort »Sterz«.

Doch bald waren die Ankömmlinge verwirrt, und es wurde ihnen klar, daß sie ein Begriffsgespenst in ihrem Hirn genährt hatten. Schnell haftete ihr weltstädtischer Klebstoff auf der steirischen Erde (auch das Grazer Pflaster ist steirische Erde), unsere exotisch klingenden Vokale taten das ihre, und so trat an die Stelle des Vorausgewußten der Wunsch nach Erkenntnis, nach Erfahrung, nach Genauigkeit.

Diese Genauigkeit wird ermöglicht durch das Anarchische im guten Sinn, nämlich durch die ungeheure Intensität des Einzelnen, des Konkreten. Die Steiermark ist DAS transparente Basisland (könnte es sein!). Die im Überbau schwebenden Seiltänzer werden schneller als anderswo lächerlich, Weltsysteme zerrinnen wie ausgeschütteter Schnaps auf schmierigen Wirtshaustischen. Auch Vergleiche bringen nicht viel ein. Was sagt es schon, wenn man feststellt, etwas ist WIE? Vergleiche sind die Folge ungenauen Beobachtens und erzeugen die Stickluft des Identischen.

So spüren unsere Freunde wie wir die Lust, die steirische Vielheit zu entdecken, sie neu zu schreiben. Man greift der Tradition tüchtig unter den Rock, weil die landschaftlichen Schneider und Kleider soviel Schönes und Häßliches, soviel Altes und Neues verdecken.

Leider hat sich diese Grunderfahrung, die ich mit vielen teile, noch nicht so literarisch niedergeschlagen, daß ich nach Belieben zitieren kann. Zu sehr mußte man bisher gegen das falsche Bewußtsein in diesem Land schreiben. Deshalb sind die »Heimatworte« Worte, die zu unvergeßlichen Gesprächen gehören.

In der Südsteiermark, wo es Hunderte Akademien des Nominalismus gibt, übe ich mein diesbezügliches Lehramt aus. »Meine« Südsteiermark liegt zwischen den sanften Ausläufern des oststeirischen Hügellandes, den Vulkankegeln mit ihren Weingärten an der Ostflanke und dem Band der Windischen Büheln. Es ist eine erlenverwachsene Ebene, dazwischen Eichengruppen und Wiesen. Unsere Streifzüge durch das Einzelne begannen oft auf der Terrasse des Schlosses Kapfenstein. Beschützt von der westlichen Schloßmauer gedeiht ein Feigenbaum, vor uns verschwimmen in der flimmernden pannonischen Luft die Hügelbänder. Wenn wir auf dem Seindl mit einem Glas Klöcher in der Hand die von Radkersburg her eindringende und sich nach Westen ausbreitende Ebene bewunderten, SIND die Tuffsteine, die in den Weingärten liegen, die großen Städte mit ihrem Straßengewirr, an die man sich hier besonders erinnert.

Im Weinkeller des Edwin Kolleritsch in Tieschen (unter Tieschen spürt man die erstarrte Lava des Kindsberges!) sind wir glücklicher als die Gefangenen in Platons Höhle, und es ist uns klar, warum Platon die Dichter nicht gemocht hat.

In Mureck halten wir vor dem Julius-Franz-Schütz-Museum. Irgendwer sagt vor dem Haus dieses bedeutenden und erst zu entdeckenden Dichters, warum man hier nicht Schriftsteller wohnen lasse, so sei es sinnvoll, Menschen an das Land zu binden. Wer könnte ein Grenzland besser bewohnen als die Dichter? Dann geht es weiter nach Weitersfeld. Neddermeyers Gasthaus ist eine Pflichtstation. Dort gibt es alte Schnäpse, Joycesche Erinnerungen und schöne Töchter.

Vielleicht führt die Hast zum Allgemeinen? Bevor wir in Hainsdorf-Brunnsee mein Elternhaus vor den glitzernden Karpfenteichen besuchen, kehren wir in Schönwetters Gasthaus ein, jetzt schon ein Gasthaus mit Dichtertradition. Handke hat hier gekegelt und gegen die Bauern verloren, Artmann, Bauer, Frischmuth, Falk, Hoffer und viele andere erholten sich bei Backhühnern von den Dreharbeiten. (Ferry Radax weiß, warum er hier einen großen Film drehen möchte.) Daß ich Roths Einstein in einer unvergeßlichen Nacht in diesem Umkreis für mich entdeckt habe, verstärkte meine Beziehung zu diesem Besonderen. Es hat die Dichter immer in den Süden gezogen. Da wäre die Landschaft, in der sich jeder, den man mit falschen Rosegger-Zitaten einfrieren wollte, befreien könnte. In der Lindenallee, die zum Schloß Brunnsee führt, warten wir gerne auf einen steirischen Kulturgewaltigen und erklären ihm unsere nominalistischen Pläne.

Im Gasthof Zur Sonne in Mureck werden wir dann einmal Grubers Hödlmoser zum einzig möglichen Allgemeinbegriff erheben.

16. Februar 1975 (»Tagebuch«)

ALFRED KOLLERITSCH

Vom Tod der Genüsse

Da ist mir neulich vom Wagenbach-Verlag ein Kochbuch zugeschickt worden, »Schlaraffenland« betitelt: »Ein Kochbuch für Gesellschaften, Kooperativen, Wohngemeinschaften, Kollektive und andere Menschenhaufen SOWIE isolierte Fresser.« Wenn ich auch nicht der Meinung des Herausgebers und Kommentators bin, daß die kapitalistische Demokratie die fortschreitende Kaputtmachung des menschlichen Lebens ausschließlich betreibt und daß in Zusammenhang damit die auf die Keimfamilie aufgebaute Gesellschaft die Kochkunst als Quelle einer schönen Lust total zerstört habe, so meine ich, daß es mit der Kochkunst BEI uns dennoch bergab gegangen ist. Man muß da gar nicht jene großen Zeiten, von denen Brillat-Savarin oder Alexandre Dumas schreiben, als Vergleich nehmen. Das bloß geschäftsmäßige Kochen, der Wahnwitz, dem Kochvorgang die Zeit zu rauben, die er braucht, die Rationalisierung der Rezepte, das geistlose Vereinfachen der Rezepte oder die jeder kulinarischen Erfahrung bare Erfindung neuer Rezepte, die nicht dem Gaumen, sondern den Kacheln einer blitzsauberen Küche entsprungen sind, machen den Weg in ein Restaurant zu einer Nervenzerreißprobe, außer man nimmt das, was man bekommt und teuer bezahlt, so hin, als komme der Brosamen wirklich als Gnade vom Tisch des Herrn. Brecht hat in den Flüchtlingsgesprächen gesagt: »Jedenfalls stimmen wir ein darüber, daß Genußsucht eine der größten Tugenden ist. Wo sie es schwer hat oder gar verlästert wird, ist etwas faul.« Und es ist etwas faul; ringsum. Als hätten die sich überpurzelnden Erkenntnisse der Ernährungswissenschaften und die Angst vor der Versteinerung der Gefäße und der Schatten der riesigen Fettleber zur moralischen Verurteilung des guten Essens aufgerufen und den Köchen den Freibrief zum geistlosen Köcheln gegeben!

So kommt es mir vor. Kochen, das ist eine Kunst, Rezepte, das sind philosophische Erkenntnisse, in denen Empirie und Verstand die Erscheinungen der Speisen produzieren. Kochen ist Verwandlung der Natur, Überführen vom Einfachen in Höheres, Schöneres, in das Schöne der Lust, einer Lust, die sich frömmere Gesellschaften vergönnt haben und die nichts von oraler Frustration gehalten haben. Da stimme ich dem genannten Kochbuch zu: »Dieser tolle Gedanke ist, Lust am eigenen Leben, Geschmack an sich selber zu finden: dann tut sich auch der Magen auf, dann wächst der Appetit, und der Spaß am Kochen stellt sich dann von selber ein.« Wir sollen uns nicht einreden lassen, daß bescheidenes Essen eine Tugend ist, daß das Grillen (der Tod der Kochkunst!) eine Kunst ist, daß der Name eines Gerichts, dieses Drüberbröseln geografischer Eigennamen über eine schon verhaute Grundsubstanz ein Gütezeichen ist. Ständig wird der Mensch aufgeklärt, redet man von Transparenz und kritischem Bewußtsein, aber seiner Eßlust dreht man den Strick. Wir müssen zuerst einmal die Köche, Köchinnen und Restaurateure in Schrecken versetzen. Wir müssen wieder den Mut haben, das Bestellte zurückzuschicken.

Jeder kann so jedem helfen, damit es uns nicht nur abstrakt besser geht, sondern daß es uns konkret besser geht, damit sich die Freßlust wieder unter der Zunge herauswagt. Brecht sagte zu dieser Aufklärung, die ich hier meine: »Ich sehe immer nur Handbücher, mit denen man sich über die Philosophie und über die Moral informieren kann, die man in den besseren Kreisen hat, warum keine Handbücher übers Fressen und die anderen Annehmlichkeiten?« Daß einem, was Lust bereitet, in der bestmöglichen Art geboten wird, darauf haben wir ein Recht. Für die Wiederherstellung dieses Rechts müssen wir wieder den Gaumen achten und uns die Nase für die Differenzierungsarbeit des Riechens putzen. Nach langem Probieren muß die Inspiration den endgültigen Zustand finden, der eben jenen wunderbaren Augenblick des Schmeckens und Genießens hervorbringt. Mit der Erinnerung an diese Augenblicke fühlt man sich in jedem Lokal als freier Mensch, der das Recht hat, die Speisen so zu probieren, wie er Schuhe probiert. Ich bin überzeugt, daß sich dann vieles schlagartig ändern wird und daß wieder eine österreichische Küche kommt. Sicher findet man da und dort und dann und wann einen Leckerbissen, aber daß man ihn so selten findet, das ist schon eine Überzeugung der Grazer Gaumenfreunde.

Als ich neulich in einem der ersten Lokale ein Beefsteak Tatar bestellte, im guten Glauben, daß man mich fragen werde, WIE ich es bevorzuge, kam statt der Frage ein faschiertes Laberl, von einem mißmutigen und unkundigen Küchendiktator. Über Fasane schüttete man mit Curry angereicherten Schweinsbratensaft. Wahrlich anarchistische Zustände in unserem Land, das Ordnung und Eigenständigkeit so sehr fordert. Doch an diese Eigenständigkeit werde ich erst glauben, wenn es die eigenständige Küche gibt: zum Beispiel den Heidensterz, den man essen kann, die Klachelsuppe, die nicht wie Klebstoff »mundet«.

Als furchtbares Zeichen wird mir jener Kellner in Erinnerung bleiben, der mir vor kurzem in einem Gartenlokal nach langer Wartezeit mitteilte, daß Speisekarte und Wirklichkeit nicht miteinander übereinstimmen, und zuletzt meinte, daß es wegen Personalmangels weder Geflügelsuppe noch Selchrippchen gebe, und das sagte er ohne Bedauern. So ausgekocht ist man!

Es geht um die Ehre des Genusses! Warum soll man sich ihn ohne Protest nehmen lassen, vor allem, wenn der Protest gute alte Techniken und Künste für jeden dieser Gesellschaft wiederherstellen will.

6. Juli 1975 (»Tagebuch«)

ALFRED KOLLERITSCH

Das Leben eine Schule

Die Schule hat wieder begonnen! Ein Satz, der, obwohl ich schon über zwei Jahrzehnte selber zur Seite der Schule zähle, unverändert zwiespältige Gefühle auslöst. Der strenge, alles Recht und Unrecht verkörpernde Oberlehrer tritt auf, prügelnde Heimerzieher, mit Noten drohende Lehrer, die Gegenwart und Zukunft gleichermaßen ins Bodenlose aufrissen, fallen mir ein: leider wenig Tröstliches. Gerechtigkeit verblaßt vor der Nachsicht, vor der liebenswerten Vergeßlichkeit – vor anderen »Schwächen«.

Schule, dieses Thema faszinierte von jeher die Schriftsteller, Texte aus dem Land Sumer bis hinauf zu Alfred Anderschs Buch über den Vater Heinrich Himmlers markieren den Rahmen.

Die Schule ist die vergröberte Spiegelung der Gesellschaft beziehungsweise des jeweiligen Zustandes der Gesellschaft, in der man lebt. Sie ist ein gesellschaftliches Faktum, das sich wie das Schicksal ausnimmt. Oft hört man, daß die unschuldigen, neugierigen, vielfältig begabten Kinder den Weg zur genormten Identität (zur Entfaltung des ihnen vorgeschriebenen Wesens) zu gehen hätten, den Weg der Bildung, der sich aus der Antike her zur blassen Ideologie, zur Phrase abstrahiert hat.

Im Zusammenhang damit gibt es die Redewendung, die sich an Kinder, Halberwachsene und an erwachsene Schüler heranschleicht: »Warte nur, wenn du einmal ins Leben hinaustrittst, wirst du es schon sehen!« Das ist ein fataler, furchtbarer, aber auch aufklärender Satz. Er gibt zu, daß sich die Gesellschaft Ideale macht und dafür Institutionen schafft, die die heile Welt des Wahren,

Guten und Schönen, losgelöst von allen Traditionen, von den Wechselfällen des Lebens, des Tuns, des Forschens, der Verbrechen, den Verflechtungen von Lüge und Wahrheit zu bewahren haben, wie man es gerne von der Kunst verlangt, der man die Werte ansteckt wie Orden.

Wir haben Schulen des Wissens, nicht des »Nichtwissens«, extrem und im Hinblick auf den Ursprung dieses Wissens formuliert, das sich zum objektiven Schulwissen verdünnt hat. Es ist bis heute noch zum Beispiel im Philosophieunterricht verpönt, Probleme »historisch« darzustellen, wegen des Gespenstes der Relativität. Auf der anderen Seite legt man zu sehr Wert darauf, das Historische als objektivierte Geschichte aufzubereiten, die nichts von den abertausend Andersartigkeiten menschlicher Möglichkeiten berichtet, im Gegenteil: man darf ja die genehmigten Wahrheiten gar nicht aufheben, zerstören, »zersetzen«. (Die Ausrede, daß Kinder für diese Form der »Aufklärung« zu jung seien, ist ein schlechtes Argument. Man ist selten für etwas zu jung. Einen falschen Eigentumsbegriff müßte ein Kind zum Beispiel gar nicht lernen. Jeder diskriminierende Dogmatismus ist ein »Erziehungsfehler«, ist die Folge der Erziehung, wie sie Staaten im Osten und im Westen praktizieren.) In den sogenannten naturwissenschaftlichen Fächern ist es – es wäre zu prüfen, ob nur aus sachlichen Gründen – noch schwerer, objektivierten Ballast durch Problemdenkenlernen zu ersetzen. Paradox ausgedrückt: Das meiste, was gelehrt wird, »stimmt« ja gar nicht, zumindest werden die Grenzen des Stimmens nicht angegeben.

Es ist ein teuflisch schweres Geschäft: das Lehren, aber man darf die Hoffnung nicht aufgeben, so zu lehren, daß die Schwierigkeit ein Teilaspekt des Gegenstandes ist. Man sollte Irrtümer nicht nur bestrafen, sondern sie nützen, Grenzen beschreiben zu lernen, denn nichts ist festgelegt, außer man verwechselt das Einmaleins mit dem Kosmos.

Ich weiß, Kritik ist leicht, Veränderung ist schwer, vor allem in unserem Fall besonders schwer, weil die Gegner der Schule, die das Verwelken der Jugend beklagen und die Denaturierung der Schüler zu kleinen Wissenschaftern anprangern, übersehen, daß meistens die beklagten Prozesse schon vor Schuleintritt abgeschlossen sind, daß die Schule nur etwas weiterführt, was bereits begonnen hat.

Die Schule zeigt den Zustand nur deutlicher, wie ich eingangs gemeint habe. (Die Matura ist ja oft ein Teil des Profitstrebens der Eltern.)

Es wäre freilich falsch, das Kind mit dem Bad auszugießen und zu verlangen, daß das GANZE verändert werden müßte. Das Ganze gibt es nicht, es ist eine Anmaßung. Was es gibt, ist eine Unzahl von Strukturen, von Wünschen, Nöten, Hoffnungen, Meinungen, Traditionen, ist ein rascher Wechsel der Wahrheitsgehalte, der Informationen. Es gibt die Möglichkeiten, die wichtiger sind als die »Tatsachen«, die vom Lexikon als »vergangene Entscheidungen« in den Kopf wandern und aktive Entscheidungen verhindern.

In der Schule, ja auch auf den Universitäten sieht es so aus, als sei die Welt nach den Unterrichtsgegenständen eingeteilt und der Gegenstand schon die abgesicherte, objektivierte Tatsache. Hier könnte man ansetzen und der Vielfalt Rechnung tragen.

Das Umdenken als Denken und Handeln fordern, damit die Bildung, die man sich auf Gedeih und Verderb aneignet, nur eine der vielen menschlichen Möglichkeiten ist, auf der Welt zu leben; die Lust zu den anderen wäre der zu weckende Eros.

In den letzten zehn Jahren hat sich viel in dem von mir gemeinten Sinn getan. Die alte Schule könnte schon tot sein! Es ist Transparenz vorhanden, wenn man sie sucht, fachliche und rechtliche.

Man muß nur von der Demokratie Gebrauch machen und sich gegen jene zur Wehr setzen, die, angesetzt vom Staat, zum Beispiel als Soziologen, Pädagogen und Psychologen den Freiraum Schule zum Tummelplatz ihrer Wissenschaft machen. Über die Schule soll keiner die ausschließliche Macht haben, ebensowenig wie die Schule Macht ausüben darf.

20. September 1980 (»Tagebuch«)

Alfred Kolleritsch, der Präsident des Forums Stadtpark, Dichter, Initiator und Betreuer des »Steirerkrone«-Tagebuches, feiert am 16. Februar seinen 50. Geburtstag. An Stelle eines »üblichen« Tagebuches haben hier einige seiner Autorenfreunde, die wir ganz spontan darum gebeten haben, ganz spontane Gedanken zu diesem Anlaß geschrieben.

Zum 50. Geburtstag Alfred Kolleritschs

Lieber Fredi! Ich beglückwünsche Dich zur Erreichung eines neuen Lebensjahres. Daß es das fünfzigste ist, ist egal, das ist kein Alter, Fünfzig ist kein Alter! Da feiert nur die Geburtsurkunde und die runde Zahl, das bedeutet nichts. Die Jahresringe sind nichts, nichts die Holzfäller, wenn es um das Wesen des Stammes geht. Vergiß die Zählung der Jahreszahlen, die eine Einübung ins Unvermeidliche und daher Vergeßbare bedeutet. Schlag Dich, mit der Feder bewaffnet, auf die grünen Seiten des Lebens, und stich, wenn es sein muß, die Pfirsiche an, damit ihr Saft zu einer Sintflut anschwelle und alle Pfirsichtöter hinwegschwappe.

REINHARD P. GRUBER

»Spätlese« – Ein Haiku
vor 20 Jahren
ein fänger im kukuruz:
nunmehr fünfzig jung.

GUNTER FALK

Mir ist, als ob's gestern gewesen wäre. Da stand ich und zerknüllte jenen Zettel, der mir Eintritt ins Paradies bringen sollte. Mit gütigen Augen sah mich der Professor, wie ihn alle nannten, an. »Hier steht es«, sprach ich zitternd. »Geboren in der Steiermark! Jetzt müssen Sie MITDRUCKEN!« Ein durchdringender Blick aus grauen Männeraugen traf mich: »Aber diese Gedichte sind so furchtbar, und die Prosa erst!« Doch als er die Verlegenheit des jungen Mädchens gewahrte, zuckte es mutwillig um seinen Mund. »Na gut«, lachte er, »so drucke ich Sie eben.« Sprach's, schnallte sein berühmtes Marienkäferkostüm um und flog davon, um sein später mit Recht preisgekröntes Epos »Die Apfelspalter« zu beenden. Dank, Fredi! Und noch viele schöne Jahre!

ELFRIEDE JELINEK

Was ich am Kolleritsch einfach so mag, ist sein Charme. Er tut alles mit einer solchen Bescheidenheit, daß es Leute gibt, die ihm nicht zutrauen, daß er tut, was er tut. Ich bin von Herzen froh, daß ich diesen außerordentlich liebenswürdigen Menschen meinen Freund nennen kann.

»minus drei plus drei«
ich will zurück
bis in das alter von drei jahren.
allerdings nicht
ohne fredy kolleritsch.
der wäre dann minus drei
und wir beide würden uns aufheben.

ERNST JANDL

Alfred Kolleritsch ist bestimmt, wie er auch gegenüber Reportern vom Fernsehen erklärte, nicht »der Literaturpapst von Österreich«, aber daß seine Verbindungen weitreichend sind, liegt auf der Hand. Ohne Fredi wird keiner was. In der Strafanstalt Stein sitzen zwei begabte Dichter. In der Jubiläumsnummer zum 20jährigen Bestehen der »manuskripte« konnte man sich der Gedichte von Hans Synek erfreuen, die in klarer Trauer von vergeblichen Begegnungen sprechen. Er ist aber nicht der einzige schwere Bursche mit poetischer Ader. Von Jack Unterweger werden nach privat ausgesprochener Mitteilung Fredis demnächst Texte in den »manuskripten« erscheinen. Der Mann ist literarisch vorbelastet, gelegentlich verwandelt sich seine Mörder- in eine Kinderseele, wenn er kleine Geschichten für das Traummännlein schreibt. Erheiternd ist also die Vorstellung, daß sich unter die kriminellen Gespräche beim Rundgang in Stein plötzlich der Ruf mischt: »He, servus, Jack, hast schon den Text fürn Fredi fertig gemacht?«

Alfred Paul Schmidt

Zeigt man mit dem Finger auf jemand, weisen drei
Finger auf einen zurück.
Was einer von uns auch zu Deinem Fünfzigsten
schreibt, er schreibt sich mit.
Schreibend rücken wir zusammen – so soll es bleiben.

Wilhelm Hengstler

Wir sprachen von unbedeutenden Dingen
während wir redeten sahen wir einander kaum an
eine große Nähe, als höre jeder nur auf das Selbst-
gespräch des anderen
manchmal schwiegen wir lange, wir saßen dann neben
einander
lehnten unsere Schultern an einander
lehnten unsere Köpfe an einander,
ein weiß gekräuselter Wolkenstrang teilte den Himmel
und löste sich auf
als würden wir im Zeitlupenverfahren und bei
vergrößerter Nähe
wechselweise die Regungen unseres Gemütes vor
unseren Augen
ablaufen sehen, von unbekannter Hand an eine riesige
Flimmerwand geworfen.

Friederike Mayröcker

14. Februar 1981 (»Tagebuch«)

GEORG RUDOLF LIND

Mundartstudien

Wenn ich in der Steiermark den Mund aufmache und mein glockenreines Hochdeutsch vernehmen lasse, werde ich immer wieder gefragt: »Jo, aus welchem Teil Deutschlands kommen S' denn?« Und zum Abschied muß ich dann hören: »Also weiterhin einen schönen Urlaub in Österreich!« Das klingt mir wie Hohn, weil ich mich hier nicht zur Erholung aufhalte, sondern arbeite wie andere Leute auch. Aber so geht es einem, wenn man aus dem deutschen Norden nach Österreich kommt: wenn man nicht eine der hiesigen Mundarten spricht, bleibt man immer ein sprachlicher Außenseiter. In Deutschland ist mir dieses hochsprachliche Außenseitertum nie so kraß zu Bewußtsein gekommen, obwohl es auch dort Mundarten gibt und ich dort nicht schlechter hochdeutsch gesprochen habe als hier. Dort war ich eher froh, mir den ordinären Berliner Jargon meiner Kindheit abgewöhnt zu haben, und in Westfalen, wo ich vor dem Umzug nach Österreich lebte, beschränkte sich der Dialekt auf das »woll, woll« der Dortmunder, und alles übrige war sprachliches Notstandsgebiet – kein Wunder, wo doch der Kohlenpott ein Schmelztiegel von lauter Zugereisten ist – es war völlig zwecklos, dort westfälisches Plattdeutsch reden zu wollen.

Hier in der Steiermark klingt aber mein schönes, reines Hochdeutsch, auf dessen Erwerb ich mir so viel zugute getan hatte, plötzlich merkwürdig geziert und farblos, und ich komme mir, wenn ich einkaufen gehe oder mit Professionisten zu tun habe, wie ein Einbeiniger vor, der hilflos auf der Straße steht, weil er seine Krücken zu Hause gelassen hat. Es fehlt mir ganz offenbar ein zweites Bein, eben das Mundartbein, um auf der österreichischen Erde bestehen zu können. Dieses Mangelbewußtsein hat sich noch verschärft, seit ich in den hiesigen Theaterstücken – zum Beispiel bei Ödön von Horváth – oder in Fernsehreportagen beobachtet habe, daß die Mundartsprecher, also Arbeiter und Professionisten, grundsätzlich anständige Kerle sind, während die Bosse und leitenden Angestellten, die gewählt und hochdeutsch einherreden, aus lauter verkappten Schurken bestehen, die ihre Untergebenen, die braven Mundartsprecher, schurigeln und drangsalieren. Seither habe ich ein schlechtes Gewissen, wenn ich hochdeutsch rede, obwohl ich außer ein paar Studenten eigentlich niemanden drangsalieren kann. Direktor S. von der hiesigen Urania, dem ich meine Kümmernisse mitteilte, meinte mitleidig, ich litte wohl unter Verfolgungswahn, aber das ändert nichts an meiner Einsicht: selbst für Geselligkeiten im Kreise österreichischer Hochdeutschsprecher wäre es besser, wenn ich ab und zu ein paar Mundartbrocken einstreuen könnte, weil ich nur dann so herzig vor mich hinblödeln könnte, wie man es hierzulande bei geselligen Zusammenkünften gern tut. Auf die besonderen Reize der norddeutschen Aussprache scheint man im Alpenländle nicht so recht eingestellt zu sein. Die in allem übrigen so durchlässige Grenze steht dazwischen, und man sucht mit der Mundart seine Eigenart zu unterstreichen – völlig berechtigterweise, nur wehe dem Zugereisten, der seine sprachliche Unzugehörigkeit nie verbergen kann! Stets umgibt ihn ein Hauch von Fremdheit.

Vor kurzem mußte ich vor Gericht als Zeuge aussagen, und während ich auf meinen Aufruf wartete, sprach mich eine Frau aus Stiwoll an und erzählte mir im schönsten Steirisch ihre Lebensgeschichte. Sie muß sehr spannend gewesen sein, denn die Frau gestikulierte heftig, aber ich verstand kein Wort und konnte nur dann und wann: jo, jo! einwerfen, um die gute Frau nicht zu kränken. Einige Zeit darauf ging ich in der Nähe des Reinischkogels spazieren und fragte dort einen Forstarbeiter nach dem Weg. Der Mann sah mich so verblüfft an, als ob ich geradewegs vom Mars abgesprungen wäre. Ich mußte meine Frage mehrfach wiederholen, bis er einsah, daß auch er eine hochdeutsche Frage verstehen konnte, und das begab sich nicht etwa in Jugoslawien, sondern im angeblich deutschsprachigen Österreich.

Nach ähnlichen frustrierenden Erlebnissen habe ich mir immer wieder überlegt, ob ich nicht zu meinen übrigen Fremdsprachen auch die hiesige Mundart erlernen sollte. Schließlich ist der Dialekt im gesamten deutschen Sprachgebiet, wie man aus einem Aufsatz im »Spiegel« entnehmen konnte, wieder in Mode gekommen; ja es gibt sogar eine neue Mundartdichtung: H. C. Artmann hat den Anfang gemacht, und andere sind seinem Beispiel gefolgt. In solchen Augenblicken tiefer Depression nehme ich einen Spiegel zur Hand und versuche, das alte Kinderlied: »Drei Chinesen mit dem Kontrabaß gingen auf der Straße und erzählten sich was ...« ins Steirische zu übersetzen. Wenn man alle Vokale auf o ausspricht, klingt es sehr überzeugend: Dro Chonoson usw. Aber wenn ich mit meiner Übung fertig bin, fällt mir ein, daß meine Mundartkünste höchstens bis zur Pack Eindruck machen würden, denn kürzlich war ich in Maria Saal in Kärnten, und dort sprachen die Leute sämtliche Vokale auf a hin aus. Für die dortigen Verhältnisse müßte ich also üben: Dra Chanasan mat dam Kantrabaß ...

Das ist mir denn doch zu dumm, und da mein sechster Sinn mir sagt, daß man mir, auch wenn ich zu jemandem im angestrengtesten Steirisch: »Jo, geh mo do glei eini!« sagen würde, gleichwohl einen erholsamen Urlaub in Österreich wünschen würde, beschloß ich bei mir, doch lieber beim Hochdeutschen zu bleiben, aber in Hinkunft eine Biedermannsmiene aufzusetzen, damit man mich ja nicht für einen der hochdeutsch parlierenden Bösewichte hält, die so häufig über die österreichischen Bildschirme flimmern.

13. August 1978 (»Tagebuch«)

PETER MATEJKA

Grazer Tagebuch

Der Schriftsteller ist ein Arbeiter wie jeder andere auch. Sein Material ist die Sprache. Er schaut den Leuten aufs Maul, aber er darf ihnen nicht nach dem Mund reden, wenn er ernstgenommen werden will. Was er schreibt, soll die Leser zum Denken anregen. Was denkbar ist, ist auch schreibbar. Was man schreiben kann, kann man auch machen. Der Maurer baut ein Haus, in dem man wohnen kann, der Schriftsteller bemüht sich um eine Sprache, in der man denken kann.

Vor einigen Wochen, an einem Dienstagmorgen, bestieg ich den Postautobus, um von Hendlgraben bei Stössing in Niederösterreich nach Graz zu fahren, wo ich derzeit ein dreimonatiges Arbeitsstipendium verzehre. Auf der Rückseite eines Sitzes hatten Schulkinder ein Hakenkreuz gezeichnet.

Die Grazer zeigen ihre Konsumfreudigkeit durch schikke Kleidung und regen Besuch eines Großkaufhauses, das sich bei ihnen mit schwarzgelben Plastiktragetaschen revanchiert, die beim Verbrennen keine Umweltschädigung verursachen (was man von ihrem Inhalt nicht immer sagen kann). Den zahlreichen Biertrinkern zuliebe wurde das Lagerbier in »Steirergold« umbenannt und verteuert. Einer dieser Biertrinker erzählte mir, er habe zwar irrsinnige Angst vor dem Herzinfarkt, weil er dreißig Kilo Übergewicht habe, dennoch aber müsse er jeden Tag mindestens zwölf Biere trinken, weil er keinen Wein vertrage.

Am Weltspartag ereiferte sich ein älterer Herr in einem Café Nähe Jakominiplatz darüber, daß die Strafgefangenen jeden Samstag fünf Dekagramm Bruchzuckerln erhalten; er habe den Lieferwagen der Süßwarenfirma selbst gesehen, »und das ist der Untergang«; er sei 25 Jahre Exekutor gewesen, ihm brauche niemand was zu erzählen; und heute habe er tausend Schilling auf sein Sparbuch eingezahlt und als Prämie – gegen einen »Gutschein 1« – eine Flasche Wein erhalten.

Auch ihr elfjähriger Sohn sei auf der »Steiermärkischen Bank« gewesen, erzählte die Wirtin, um 200 Schilling einzulegen (100 vom Papa und 100 selbst zusammengespart). Er wollte als Prämie Filzstifte haben, aber der Schalterbeamte erklärte, die gäbe es erst ab einem Kontostand von 20.000 Schilling; und so bekam ihr Bub, der »nur« ein Sparkonto von 3.200 Schilling aufweisen konnte, ein Plastikflugzeug, das er gar nicht wollte. Er hatte sich auf die Filzstifte gefreut und würde sein Geld bei der betreffenden Bank abheben, weil ihn das Sparen dort nicht mehr freut.

Die Erwachsenen freut das Sparen nicht mehr, wenn sie überlegen, daß ihr Geld bei der derzeitigen Inflationsrate im Jahr durchschnittlich 10 Prozent weniger wert wird, während sie für ihre Spareinlagen ganze 5 Prozent Zinsen erhalten. Dafür dürfen alle Sparer stolz sein, wenn sie die Bürohäuser sehen, welche die Banken auch aus dem Geld der Sparer finanzieren ...

Ich habe am Weltspartag nichts gespart, sondern ich bin spazierengegangen, um mich einzuleben. Ich versuchte mein Glück an zwei Kaugummiautomaten in der Heinrichstraße und gewann einen Eloxalring made in

Hongkong und ein blechernes Rennauto unbekannter Herkunft.

In Graz kann der Mensch noch Zweifüßer sein. Von der Sackstraße ins Forum Stadtpark eine knappe Viertelstunde; zehn Minuten zum Nonstop-Kino, nur sieben zum Schubert-Kino, angenehme zwanzig zum Geidorf-Kino über das weiche Laub im Stadtpark ...

Man ist überall gleich dort, wo man sein will, es sei denn, man trifft Wolfi unterwegs, dann heißt es umdisponieren. Binnen zehn Minuten fiel Erhard in der Likörstube unter den Tisch, binnen fünf Minuten brachte ihn die Rettung weg ...

Im Spor-Büffet lernte ich Erich D. kennen. Jetzt liegt er sicher schon bei den Barmherzigen Brüdern, um über den Winter die Gefäßstörungen an seinen Beinen auszukurieren. Im Frühjahr wird er wieder als Schausteller durch Österreich fahren. Aber er muß dabei nicht mehr viel herumlaufen; er kann schon an der Kassa sitzen und übers Mikrofon die nächste Fahrt auf dem Riesenkettenkarussell ausrufen. Mit 1.287 Schilling Arbeitslosenunterstützung monatlich muß er über den Winter kommen. Für sein Zimmer zahlt er 750 Schilling, und sonst lebt er von Konserven. Wenn er die Miete nicht pünktlich zahlen kann, dreht ihm der Hausherr die Heizung ab. Wenn er zu den Barmherzigen Brüdern geht, hat er es wenigstens warm ...Und zum Schluß traf ich noch Pit, der einen Paß zerriß, im Café Erzherzog Johann.

Immer hatte ich geglaubt, ich müßte weit weg fahren, nach Kalabrien oder gar nach Mexiko, um in Ruhe arbeiten zu können. In den letzten Wochen aber habe ich gelernt, daß meine Bedürfnisse – angenehmer Spazierraum, preiswerte Verpflegung und förderliche Gesellschaft – auch in Graz vollkommen befriedigt werden. Vielleicht hatte ich bisher meine Grenzen zu weit gesteckt, ohne jede Chance, sie mit den vorhandenen

Mitteln zu erreichen. Darüber nachzudenken, habe ich erst hier ausreichend Gelegenheit.
(Geschrieben auf einer »Mercedes«, Sachinventar Nr. 32 des Stadtmuseums Graz.)

16. November 1974 (»Tagebuch«)

FRIEDERIKE MAYRÖCKER

in den boxhimmel, sagte er

ich eilte hinüber zu ihr nachdem ich mich vergewissert hatte daß kein fahrzeug die straße heraufkam.
sie hatte erstaunen auf ihrem gesicht, vielleicht schien ihr mein aussehen im bewußtsein ihres eigenen rotbackigen gesichts kränklich.
während des ankleidens hatte ich schon an sie gedacht, sagte er.
nun rief sie mir über die straße her zu.
ich vergewisserte mich daß kein fahrzeug sich näherte und lief hinüber zu ihr und schüttelte ihr die hände die sie mir entgegengestreckt hatte.
ich eilte hinüber zu ihr schüttelte ihr die hände und erwiderte ihre glückwünsche.
dezembermorgen, der himmel voll greller farben.
lautes wetter, lautes wetter, sagte er.
sah ihr rotbackiges gesicht auf mich zukommen, ergriff ihre mir entgegengestreckten hände.
eilte hinüber zu ihr, ergriff ihre hände.
ein erstaunen auf ihrem gesicht machte mich verlegen.
ich schrieb ihr erstaunen meinem kränklichen aussehen zu, sagte er, ich fühlte mich ertappt, ich wollte mich dafür entschuldigen daß ich meine blässe nicht verbergen konnte.

lautes wetter, sagte er, ein zähes hoch.
in die emilia, sagte er.
in den boxhimmel.
so strömten wir in die kalte nacht, in den blitzenden morgen, ein dezembertag gegen ende des jahrs, ein jahr dem man sein alter nicht ansah.
was für ein tag, sagte er.
sie hatte immer gesagt sie wollte gern weiterlesen darin ohne je aufhören zu müssen, sagte er, sie war betrübt als es dann doch nicht mehr weiterging.
sie sei so heftig davon weiterbewegt worden daß sie das lesen nun im kopf fortsetzen könne indem sie ähnliche vorstellungen gedanken und gefühle aneinanderreihte, eine art schattenbild des zuvor gelesenen erzeugend.
dies alles, sagte er, scheint an etwas anzuklingen.
wie eine ungenaue erinnerung an einen traum die gänzlich zerfließt sobald man sie zu untersuchen trachtet.
so strömen wir in den kahlen morgen, sagte er, in die nacht.
ihre begehungspunkte, sagte er, stülpten hervor wie organkontakte, stark vergrößerte schematische querschnitte durch haut daß man vor angebot nicht wußte wo zuerst beginnen auf welchem weg ihr aufs willkommenste begegnen.
sah ihr rotbackiges gesicht, sagte er, am jenseitigen rand der straße. eilte auf sie zu nachdem ich mich vergewissert hatte daß kein fahrzeug nahte.
erstaunen auf ihrem gesicht, ich schrieb es meinem aussehen zu.
lautes wetter, sagte er, greller sonnenschein.
ein jahr dem man sein alter nicht ansah.
was für ein tag, sagte er.
als ich an willis grüngelbem fahrrad vorbeikam merkte ich daß da was hing am bügel, ein schräges zettelchen.
botschaft vielleicht für mich.

da klingt doch was an, sagte er, da klingt doch überall was an.
wie und wo es herkommt und was es zu bedeuten hat weiß ich nicht, sagte er.
die schreiberhand, sagte er, die botschaft.
heisere klingel eines fahrrads, fernes kuhglockengeläut gegen elektrische zäune schreckend.
und die melodien mit dem hackbeil, sagte er.
denn die dinge treiben immer mehr ihrem gegenteil zu, sagte er.
was für ein tag, sagte er.
welcher ein blatt vom trauerbaum darstellt den man deswegen so benennt weil er nur des nachts blüht.
was für ein tag, sagte er.
und heute und morgen nur noch mit abwehren von dingen beschäftigt.
ein blatt von einer hagenbuche ein gebogenes weidenblatt.
während die beiden verwandtensöhne sich gegeneinander bewaffneten mit stuhlbein und schemelplatte.
während wir vor je einem fernsehapparat in unserem kleinen hotelzimmer einander gegenübersitzend uns wie feinde fühlten.
nach der allgemeinen umstürzung, sagte er.
häusliches chamäleon!
habt ihr es endlich getauft hatte ich sie mehrmals gefragt, sagte er. sie gaben ausweichende antworten.
es ruhte auf einem ast in einer vase, blickte im zimmer umher.
kniekehlenschlaffe haut in wechselnden farben.
ich habe die fenster geöffnet, sagte er.
dies alles klingt an etwas an, sagte er.
er lebt in breslau, sagte er, ist jetzt polnisch.
nach der allgemeinen umstürzung, sagte er.
gegen elektrische zäune schreckend.

ich habe die fenster geöffnet, mein blick fällt tief hinunter.
vier stockwerke tief, kreiselt die straße abwärts.
außerhalb der zeit, sagte er, am rande der wirklichkeit.
hinüber, dem see zu, sagte er.
die stimmen der freunde zerfetzt von sturm.
in die emilia, sagte er.
polen brieg breslau.
was für ein tag, sagte er.
mit ihrem roten gesicht, vielleicht rotgeweintem gesicht stand sie auf der gegenüberliegenden seite der straße und winkte mich heran.

14. Jänner 1973 (»Konfrontationen«)

MANFRED MIXNER

Ein Steirer in Rendsburg

An einem Samstagnachmittag, auf der Autobahn von Hamburg nach Dänemark, bei dichtem Schneegestöber, ermüdet von langer Fahrt und neugierigem Trott durch Hamburgs Altstadt an der Binnenalster, riefen wir Rudolf Stibill in Rendsburg, Schleswig-Holstein, an. Ich hatte vor Weihnachten versprochen, ihn bei meiner nächsten Reise in die Bundesrepublik zu besuchen. Er freute sich. Er versuchte, mir genau zu beschreiben, welcher Weg von der Autobahn her der kürzeste zu seiner Wohnung sei. Ich hörte ihm zu, ohne dem Sinn der Worte zu folgen. Damals gab ich meiner Müdigkeit die Schuld daran, aber es war etwas anderes.

Ich hörte Rudolf Stibill am Telefon begeistert zu, weil er nichts voraussetzte, Einzelheiten, Details eines Weges beschrieb, der erst zurückzulegen war, und das im Bewußtsein, daß wir diesen Weg mit Sicherheit nicht finden würden; es wurde bereits finster. Stibill hatte am Telefon von einer Fähre gesprochen, von einer Schleswigschen Elektrizitätswirtschafts-AG, von einer Werft, der Nobiskrügerwerft – und dort sollten wir dann links abbiegen, in die Nobiskrügerallee, dort wohne er. Er wolle »schon mal« vors Haus treten – verbesserte sich aber rasch, »ich komm' dann einfach runter, gell – so in einer Viertelstund'.«

Natürlich hatten wir uns verfahren, hatten einen Umweg gemacht, verspäteten uns. Rudolf Stibill stand vor dem Haus, fröstelnd: ein Steirer in Norddeutschland. Seit zwanzig Jahren ist er Lehrer an der Freien Waldorfschule in Rendsburg – die Deutschen haben aus ihm keinen zackigen Menschen machen können, die Anthroposophen der Waldorfschulen haben ihn nicht in einen Missionar verwandeln können, nur die Landschaft dort oben hat ihn ein bißchen melancholischer und vielleicht auch ein bißchen gelassener gemacht, als er es früher gewesen sein mag. Im Kern ist er Steirer geblieben, das heißt, ein Nominalist, der zuerst das einzelne, das Teilchen, das Besondere sieht, sich über die Namen der Dinge freut und zum Allgemeinen höchst selten kommt.

Er wisse, sagte Stibill dann in seiner Wohnung, daß nicht jeder gerne privat wohne, daß es Leute gäbe, die Übernachtungen im Hotel vorzögen, er wolle also niemandem nahetreten, sich keineswegs aufdrängen, aber, wie man ja sehen könne, habe er noch etwas Platz in seiner Wohnung, zwei Zimmer, und sonst wohne zur Zeit nur Schnäpschen hier, eine Katze, die, wenn man sie anrede, antworten könne und sich zuvorderst über verschlossene Türen in der Wohnung ärgere; wenn man also wolle, wir könnten doch hier übernachten, mein Freund und ich, aber wie gesagt, es gäbe Leute, die lieber im Hotel ... In einem so indezenten Land, wie es die Bundesrepublik Deutschland ist, freut solch liebenswerte Einladung doppelt.

Es wurde noch ein langer Abend in der »Rendsburger Hauptwache«, einem schönen Gasthaus, in dem ich zum erstenmal seit Jahren wieder Bier trank, schwarzes Bier. Stibill erzählte von seinem Leben dort, von der Schule, der Besonderheit dieser Schule. Geduldig antwortete er auf alle Fragen, blieb aber dabei immer beim einzelnen, mied das Allgemeine. Er erzählte von der Landschaft, von Bekannten. Er brauchte in seinen Sätzen nicht zu Vergleichen Zuflucht zu nehmen.

Sonntags fuhren wir an die Ostsee, nach Eckernförde: dann der Schlei entlang nach Misunde, Schleswig, Haithabu; dann an die Nordsee, über den Geestrücken in die Marsch, durch Husum an die Küste. Nicht Theodor Storms Novellen fielen mir ein – ich erinnerte mich an meine Dr.-Doolittle-Kinderbücher: ich werde sie wieder lesen. Spätabends, es schneite wieder, spazierten wir noch einmal durch die Altstadt von Rendsburg (wie widerlich sich dort Kaufhaus-Betonklötze zwischen die kleinen Fachwerkgiebel gedrängt haben). Stibill hatte fast den ganzen Tag lang erzählt. Und noch war es uns zu wenig. Beinahe bei jedem Satz zögerte er, bedachte, ob er dabei nicht von sich etwas preisgäbe, was uns vielleicht unangenehm sein könnte, erzählte dann doch Geschichte um Geschichte, indirekt auch von sich.

»Rudolf Stibill, geboren 1924 in Graz. Studium der Germanistik und Kunstgeschichte. Zunächst freier Schriftsteller; Mitherausgeber der Kulturzeitschrift ›Austria‹; ständiger freier Mitarbeiter am ORF-Studio Steiermark. Lebt seit 1955 in Schleswig-Holstein.«

Wie lächerlich sind derartige Angaben zur Person (wie diese aus Stibills Gedichtband »Markierungen des Lebens«). Als Steirer ist Stibill dem Konkreten verhaftet. Sonntag abend noch fuhr er mit uns den Weg, den kürzesten von seiner Wohnung zur Autobahn, damit wir Montag früh keinen Umweg machen müssen und uns ja nicht verfahren. Jetzt sahen wir das, was er mir am Telefon so ausführlich beschrieben hatte: die Nobiskrügerwerft, die SCHLEWAG, die Fähre.

Vor mir liegt ein Speckstein, den ich von der Ostseeküste mitgebracht habe. Wir waren dort am Strand entlangspaziert, es hatte geschneit. Mit fällt ein, daß ich noch nie zuvor einen Speckstein gesehen hatte, das Wort mir aber geläufig war.

28. März 1976 (»Tagebuch«)

WOLFGANG POLLANZ

Tourrorismus

Die Sommer für Sommer in bestimmte Gebiete und Städte Europas einfallenden Touristenschwärme, Autobusladungen voller buntgekleideter, dicklicher und verzückt »oh wonderful«-hauchender Middle-Class-Amerikaner und minolta- oder nikkormatbewehrter lächelnder Japaner, die straßenverstopfenden Wohnwagengeschwader voller Kekse und Bananen kauender Deutscher oder Holländer und die, ganze Stadtteile und Landschaften prägenden Campingfreunde jeglicher Nationalität lassen dem unvoreingenommenen Beobachter den täuschenden Eindruck einer völkerverbindenden, Vorurteile abbauenden Urlaubsgemeinschaft entstehen, die ungeachtet der Klassen- und Rassenschranken die Millionen Erholung und Sonnenschein Suchenden in Freud und Leid zusammenhält. Doch wer unter die vielfarbigen Dächer der Zeltstädte und hinter die chromblitzenden Fassaden der selbst in fernen Landen stets saubergehaltenen und geschrubbten Wohnwagen der Zivilisationsnomaden blickt, wird bald vom Gegenteil überzeugt sein. Stereotypie und Fremdenhaß, Unverständnis allem Ungewohnten und Fremden gegenüber sind Denk- und Verhaltensweisen, die von zu Hause in das Gastland mitgebracht werden, denn kaum einer der

Nutznießer von wirtschaftlicher Prosperität und Sozialpartnerschaft nimmt all die Strapazen auf sich, um ein fremdes Volk und sein Land mehr als nur oberflächlich kennenzulernen.

Man verbleibt lieber im Ghetto des Campingplatzes, bildet innerhalb dieses Ghettos sprachliche und ethnische Gruppen, denen eines gemein ist: Vorurteile und Aufbau von Barrieren gegen den Großteil der anderen Gruppen. Am Campinggelände wird das rechtzeitig besetzte Areal abgesteckt und gehütet und jeder Neuankömmling mißtrauisch beobachtet. Die einzige Gemeinsamkeit scheint die gemeinsame Benutzung von Bad und Pissoir zu sein, doch auch dieser Ort gemeinsamer Bedürfnisse ist bloß eine Stätte allgemeiner Bedürftigkeit. Man starrt einander an, ohne sich entscheiden zu können, in welcher Sprache man wohl ein Gespräch beginnen könne, man beschuldigt einander insgeheim der Verschmutzung der verwahrlosten Anlagen, und nur die hie und da an den Klosettwänden zu findenden Kritzeleien lassen einen etwas vom Willen zur Kommunikation ahnen, wenn auch des öfteren Hakenkreuze und Sprüche wie »Hitler Dieu« und »The judges at Nuremberg had no sense of humour« überwiegen, die ein nicht nur leichtes Unbehagen hinterlassen.

So sitzt denn der Durchschnitts-Massentourist Abend für Abend vor seinem Kleinwohnwagen Marke »Astral Boy« oder seinem Hauszelt »Jesolo 2000« auf einem der unzähligen Campingplätze zwischen Torremolinos und Loch Lomond und verzehrt, ermüdet vom kaum ertragbaren Sonnenbad oder nicht endenwollenden Sightseeing-Streß das aus der Heimat mitgebrachte Dosengulasch, das ihm Tochter oder Gattin mit derselben Lieb- und Lustlosigkeit auf den ausklappbaren Tisch gestellt haben, mit der sie es das ganze Jahr über tun, wenn Vater oder Gatte bürogeschädigt und rush-hour-geplagt vom täglichen Broterwerb an die heimische Suppenschüssel zurückkehren. Während zwischen den Zelten Petroleum- und Gaslampen aufflackern, hört man überall das leise Klappern von Plastikbesteck und sein Kratzen auf Wegwerfplastiktellern, begleitet von gierigen Schlürfgeräuschen, denn Luftveränderung macht Appetit, Appetit auf Einheitskonservenkost.

Während ich dies schreibe, sitze ich in einem dieser Schnellfreßrestaurants, die du bei der Geradlinigkeit der Mussolinischen Autobahnen schon auf Kilometer Entfernung sehen kannst, weil sie regelmäßig wie Knotenpunkte im norditalienischen Autostrada-Landschafts-Design als Déja-vu-Erlebnisse wiederkehren und sich dir unweigerlich anbieten. Ich würge an einer Nudelspezialität, die mir fast im Halse steckenbleibt: Nicht daß sie trocken oder ungenießbar wäre – nein, die Vorstellung, Tausende von Touristen fänden hier tagtäglich ihr Vorurteil von nudelfressenden Itakern und arbeitsscheuen Südländern (diese Kellner) bestätigt, schnürt mir die Kehle zu. Und dann noch die Gespräche der Tischnachbarn, womöglich mit Ruhrgebietsakzent oder im bekannten Grinzinger Heurigen-Idiom: Vom Ristorante in Rimini, in dem man sich schon letztes Jahr so herrlich besoffen hat (um anschließend noch grölender die alten Nazilieder in die lauwarme italienische Nacht hinauszubrüllen), von der Pizza, die ja gar nicht so übel wäre, aber da gäbe es ja auch Hotels mit teutscher Führung und teutschem Bier, und wenn das so weitergehe in Italien, könne man bald gar nicht mehr herkommen. Als auch noch der Urlaubserlebnishit vom Handtaschlrauben und Autoknacken und die Geschichte von der Feigheit italienischer Soldaten im Zweiten Weltkrieg hochkommt, weiß ich endlich, was ich mit dem Wort »Tourrorismus« anfangen soll, das mir schon die längste Zeit im Kopf herumspukt: Der klinisch-reine, hygienische Autotouristenausblick im gewohnten Fernsehkastlschema, verdreckte Strände von Lignano bis Cesenatico, zehntausende Sonnenschirme in militärischer Formation wie beim Aufmarsch zum Nürnberger Reichsparteitag, die Boulevardpresse liefert Mord- und Unglücksfälle ins Urlaubszentrum nach; wäßriges Gelati, original italienisch, Urlaubsandenken, die an Geschmacklosigkeit Mariazeller Devotionalienkitsch gleichkommen und von denen man den staunenden Nachbarn und daheimgebliebenen Verwandten erzählen kann: handgemacht, von einem blinden, italienischen Künstler. Aber wie könnte man in Urlaubsorten auch ein Volk und seine Lebensart kennenlernen, höchstens seine Art von Touristennepp und schlecht gesprochenem Deutsch.

22. Juli 1979 (»Tagebuch«)

PETER ROSEI

Goodbye Vienna

Bumsvalera, also: Wieder rollt ein Tag aus der bunten Tombolatrommel, mal schaun: Ein Montag ist's im Mai! Na herrlich, frisch auf, alter Krieger, steck dir den Flieder in die Nase, laß deinen Hut ins Blaue steigen! – Immer langsam! Ist Kaffee im Haus, wo steckt die Marmeladovna, das süße Kind, saure Milch mag ich nicht!

Die Sonne scheint schön, scheint rosenstrahlig beim Fenster herein, sagt höflich: Guten Morgen, Herr Dichter! Haben gut geruht? – Dank der Nachfrage, liebe Liese, ein Zwickerbussi für dich, mein blonder Engel, wo du's hin haben willst!

Schon kocht das Wasser, dampft der Kaffee, knuspern die Brötchen. Schon läutet's an der Tür, wer ist's, der Postbote in aller Morgenfrüh, ein Brief ist angekommen. Was steht nun in dem Brief? Kann ich nicht sagen, tut mir leid, ist ein Liebesbrief! Da schweigt die Chronik, da fallen weiße, frisch gestärkte Vorhänge über ein rundes Geheimnis! – Also: Legen wir den Brief in die Schatulle, gießen wir Kaffee ein, streichen wir uns ein Butterbrötchen! Man muß ja nicht alles wissen, Wissen macht häßlich.

Die Uhr schlägt acht, der Rathausmann guckt verdutzt, ich trete aus der Dusche, denke an dies und das, streife ein feines Hemd über, beschließe einen Spaziergang, und

Wien kann anfangen, wieder mal Wien zu werden. Nachts, wenn ich schlafe, gibt es kein Wien: Da gibt's nur Sonnenuhren und Weichseln und Venushügel und Krimtataren, was mir eben so träumt. Aber jetzt steht Wien wieder da, ringsum aufgestellt, reißt sich mächtig am Riemen heute: Die Gehsteige sind schon gekehrt, die Straßen besprengt, die Preßlufthämmerer beim Frühschoppen. Direkt still ist es da, die Autos machen Mopsgesichter und hüsteln verlegen. Ein Baum spreitet seine Blätter, Goldregen hängt über Parkgitter, auch Tulpen hat der Bürgermeister einsetzen lassen, bröslige Hundekacke war nicht eingeplant. Je nun, wo wenden wir uns hin? – Schlendern wir erst über den Ring, begrüßen wir die strenge Dame mit dem Goldhelm, durchstreifen dann eine Passage und zwinkern kurz darauf dem Edlen Ritter zu, sein Roß sich mächtig bäumt!
Nicht so übermütig, junger Mann! VORSICHT! – Du könntest plötzlich aus allen Wolken fallen, dich schnell im Luftraum zerlösen, durch grüne Baumkronen rieseln, körnchenleicht in Lichtstreifen tanzen ...
Das geht schnell!
Das KANN schnell gehen!!
Also vorsichtig zwischen Rosen, Springbrunnen und Platanen nach Hause zurück. Ein wenig leiser auftreten. Die Zehen einziehen. Auf die natürliche Größe zurückschrumpfen.

Gearbeitet sollte auch werden. Frischen Mut fassen! – Ich beschließe, eine kleine Landschaft zu entwerfen. Das geht so: »Barrenboime sind keine Bäume, wie man aufs erste glauben könnte, es sind schwarzgeflügelte Kerfe, die am liebsten auf halb geöffneten Mohnblumen sitzen. Die Mohnblumen wiederum stehen auf schotterigen Abhängen, Straßen ziehen Gerade und Kurven ins anmutige Gesicht der Landschaft, ein Bauer sagt Hü-hott!, und das Pferdchen trabt.

Rechts müssen wir uns einen bewaldeten Hügel vorstellen, links eine Wiese, die allmählich in Sumpf und Seggen übergeht: Voila, wir haben einen entzückenden Prospekt vor uns!«

So, nun aber zu ernsteren Dingen! Der Hunger ist groß, und die Wirtin an der Ecke kocht nicht nur für sich selbst. – Beuschl mit Knödel? Hmm? – Oder vielleicht gebackene Leber mit grünem Salat? – Das wär schon was! Die Mittagsglocken läuten, bald kommen die Schwalben, das Bier ist frisch angeschlagen, der Hanslgarten schon aufgestellt.

Am besten schmeckt's zwar in Gottes freier Natur, doch zwischen Schusterpalmen und Efeuranken speist sich's auch prächtig. – Hernach zurück an die Werkbank: »Ich sitze auf dem grüngestrichenen Zaun, der eigentlich ein Wellenbrecher ist, und betrachte mein Abbild im Wasser. Ich sitze auf dem grüngestrichenen Zaun. Es ist ein hoher Zaun. Die Wolken hüpfen über den Zaun, er besteht aus Holz. Aus der Tatsache, daß man lebt, muß man doch Schlüsse ziehen! ...« – So geht es fort und fort, bis in einem weiten, schwingenden Abendrot die Dämmerung von Dächern und Kaminen kreiselt.

Ich bereite mein Nachtmahl, es besteht aus Radieschen und Butterbroten. Dann gibt's einige Biere für den braven Mann. Gegen Abend wird man leicht traurig, gerät ins Sinnieren, fängt zu grübeln an. Ja gewiß doch: Man hätte alles besser, überlegter, ehrlicher machen können! Aber was soll's?! – Für diesmal wollen wir es noch mal durchgehen lassen!

Müdigkeit, Straßenbahnen fahren leise klingelnd durch den Kopf, Zeitungen knistern, Haar und Staub wehen übers Gesicht, die Flut kommt sanft über die Lehne: Schon versinkt alles, Fische beleben die Straßen, Seerosen blühen auf und der Mond auch über den Leuchttürmen ... goodbye, goodbye Vienna!

3. August 1975 (»Tagebuch«)

GERHARD ROTH

Erste Leseerlebnisse

Lesen war als Kind für mich mit großen Mühen verbunden. Ich konzentrierte mich so auf das Entziffern von Buchstaben oder Aussprechen von Wörtern, daß mir der Zusammenhang des Gelesenen oft verlorenging. Namen brachte ich durcheinander, Fremdwörter oder Wörter, die ich nicht kannte, verwirrten mich um so mehr, je mehr ich von einem Buch gelesen hatte. Ortsnamen von fremden Städten hatten nichts Farbiges für mich, genauso wie es mich störte, wenn eine Geschichte nicht nur die Hauptfigur begleitete. Ich übersprang ganze Seiten, bis ich wieder auf den mir bekannten Namen stieß, und las dann die ausgelassenen Seiten erst am Schluß nach.

Farbige Illustrationen halfen mir sehr. Sie regten meine Phantasie so stark an, daß ich doch zu lesen begann. Die meiste Zeit aber bedeuteten mir Bücher nicht viel. Ich besaß auch nur wenige: Winnetou Band 2, den ich nur zum Teil gelesen habe (ich habe überhaupt nie ein Buch von Karl May zu Ende gelesen), zwei Bücher von Josephine Siebe: »Kasperle auf Reisen« und »Kasperle auf Burg Himmelhoch«, die ich oft im Garten unter dem Marillenbaum in einem Liegestuhl ausgestreckt las (ich habe eine sehr genaue Erinnerung daran, ich war plötzlich erstaunt, wie tief ich in die Geschichte eingedrungen war. Es war ein angenehmes Gefühl der Schwere, ein leichter Druck im Kopf, eine Müdigkeit, auf die ich stolz war, und dann wieder die Anstrengung und der Zwang, weiterzulesen, um das körperlose Gefühl beim Tagträumen wiederzugewinnen: Das Sichselbstverlieren, eine andere Identität anzunehmen, woanders zu sein, ohne dort zu sein), ferner besaß ich ein Buch, das ich mehrmals gelesen habe: Dr. Doolittles Zirkus von Hugh Lofting.

Mit jedem wiederholten Lesen erfuhr ich mehr von dieser Geschichte. Und gerade das brachte mich dazu, das Buch immer wieder zu lesen: Da waren Passagen, die ich ausgelassen hatte und die sich jetzt als unbekannter, spannender Teil in die Geschichte einschlossen, Namen, die ich beim ersten Male bis zum Ende der Lektüre falsch gelesen hatte und die ich jetzt mit einigem Erstaunen richtig las; es schien mir, als sei dieses Buch jedesmal voll Überraschungen.

Aber ich las nicht oft. Einige Jahre später packte mich so etwas wie eine Leseleidenschaft: Es waren bunte Comic-Hefte: Tarzan, Akim, Prinz Eisenherz, Mickymaus und Donald Duck, die damals bei vielen Eltern verpönt waren und darum, noch mit dem Ruf des Verbotenen behaftet, doppeltes Interesse hervorriefen. In der Schule wurden die Hefte ausgetauscht, und eine Zeitlang gehörte es zum guten Ton, während des Unterrichts zu lesen, ein Vergnügen, das ich in erster Linie deshalb genoß, weil man bei den Mitschülern den Eindruck von Kaltblütigkeit erweckte, denn man lief Gefahr – wurde man entdeckt –, daß das Heft weggenommen und man bestraft wurde. Doch das Interesse an Comic-Heften ließ schon nach einigen Jahren nach, und ich begann mich mehr für Mädchenbekanntschaften zu interessieren.

Zwei, drei Jahre später verfiel ich tatsächlich dem Lesen, das seither zu einer Art Droge für mich geworden ist: ich las so viele Schriftsteller, die mich beeindruckten, daß ich immer schwerer meine eigene Sprache fand ... Ich wollte schreiben wie Rilke und Trakl, wie Hemingway, wie Dostojewski und Hamsun, dann wie Borchert und Benn, Mann und Kafka ...

Ich lief tatsächlich Gefahr, mich mit dem Lesen selbst zu zerstören. Aber das Lesen half mir zugleich über Krankheiten und Depressionen hinweg, über Phasen der Kontaktlosigkeit und manchmal auch der Einsamkeit. Ich las alle »Jugendbücher« im nachhinein, zum Teil, als ich schon über 20 war: Moby Dick und Robinson Crusoe, Tom Sawyer und Huckleberry Finn, den Lederstrumpf und den Seewolf. Und ich lese diese Bücher auch heute gerne ...

»Es begann damit« –, und ich schreibe diesen Anfang deswegen gerne, weil ich viele Geschichten gelesen habe, die so oder so ähnlich anfangen, es begann also damit, daß ich in der Familie meiner Frau eine Menge Bücher vorfand, die ich mir, als ich mich langweilte, näher ansah ... ich suchte mir den Roman »Radetzkymarsch« von Joseph Roth aus und blätterte herum. Ich hatte mir das Buch wegen der Namensgleichheit von Joseph Roth mit meinem Namen ausgesucht, und außerdem erschien mir der Buchtitel und der Umschlag – ein Foto aus einem K. u. K.-Film mit Rudolf Prack und Winnie Markus – dafür geeignet, meine Lesescham, die ich ein wenig empfand, leicht in Spott auf das Buch überzuleiten, falls mich jemand ansprechen sollte.

Es war ein stiller Herbstabend, ich lag auf einer Couch, und es wurde dunkel, und ich las die Geschichte des letzten Trotta und war bald so sehr gefangengenommen, daß ich am nächsten Tag meine Mutter bat, das Sonntagsgericht des Herrn von Trotta und Sipolje zu kochen: Nudelsuppe, Tafelspitz, rote Rüben, Spinat, Meerrettich und Kartoffeln mit Butter und als Nachspeise Kirschenknödel. Von da ab begann eine wilde, chaotische Phase des Lesens, ich las Alain-Fournier und André Gide, Musil und Joyce, Tschechow und Maupassant, Grass und Camus, und bald darauf versuchte ich, selbst zu schreiben.

23. Februar 1975 (»Tagebuch«)

ALFRED PAUL SCHMIDT

Schmutziger Lorbeer

Seit zirka sechs Jahren verwende ich mich als Schriftsteller. In dieser Zeit habe ich nicht nur zwei Prosabücher, einen Roman, einen Kurzgeschichtenband, ein Hörspiel und ein Theaterstück geschrieben, sondern mich auch allerheftigst um alle möglichen zur Vergabe gelangenden Stipendien bemüht, zu meinem versagenden Verständnis bisher leider umsonst. Um meinem Unverstand etwas auf die Sprünge zu helfen, besuchte ich eine der Wahrheit und des Wissens kundige Zigeunerin im kroatischen Burgenland, die mich nach rückstandslosem Verzehr einer Portion Ignatiusbohnen folgendermaßen erhellte: »Wenn du ein stipendiendekorierter Schriftsteller werden willst, ist es am besten und sichersten, du schreibst was Soziales. Eine Geschichte über einen unterprivilegierten Kriminellen ist da ein heißer Tip. Schreib einfach eine Story über einen Sohn, eine gewisse Zukunft soll die Sache doch haben, dessen Vater im letzten Stadium seiner Trunksucht Möbelpolitur gesoffen hat, seine Mutter, die Hauptleider der Nation darfst nicht vergessen, ist eine aufopferungsvolle Frau mit Krampfadern und Pfotengram, ihre Lunge ist von den Sodadämpfen total verätzt, die den Kesseln einer Waschmittelfabrik entströmen, wo sie, das nackte Leben ihrer Lieben zu retten, die Blüte ihrer

Jahre hingeopfert hat. 13 der 15 Kinder, über die zum Teil der Landeshauptmann die Patenschaft übernommen hat, sind im bitteren Lauf der Zeit an Unterernährung, Diphtherie, Schafblattern, Masern und was weiß der Kranich gestorben. Da mußt du halt in einschlägigen Nachschlagwerken nachblättern. Der Held und Sprößling so benachteiligter Verhältnisse befindet sich wie immer im Gefängnis. Ratenbetrug, Schwarzfischen, Landstreicherei, Totschlag und ähnliche Gewohnheitsgaunereien sind die bittere Ernte der gnadenlosen Umstände, die ihn geboren haben. Das Ganze muß einfach und schlicht als Gebrauchsliteratur ausgefertigt werden, damit die Leute wissen, daß sie solches brauchen; als Niveauzusatz für die Juroren einige Prisen philosophischen Zinnober aus den zuständigen Gedankenladen und fertig ist das stipendiensichere Zeitwerk. Wenn dir aber Sogeartetes aus Weltanschauungs-, Image- oder Stilgründen nicht liegt, wende dich ästhetisch hervorragenden, metapherntüchtigen Beschreibungen fallender Blätter, gehender Frauen und Männer zu, denen die Gewöhnlichkeit ihres Gehens zum Anklagemoment an ihr Schicksal wird. Schreibe über krabbelnde Käfer, nenne sie beim Namen! Schreibe über zitterndes Glas und hartgesottenen kosmischen Staub, wobei die Luft rundherum, getaucht in platonische Farben und das Vakuum, das immer irgendwo auftritt, als Indikatoren einer aus den Fugen geratenen Wirklichkeit von allergrößter Wichtigkeit sind. Mit einem bewege dich mit sicherem Instinkt innerhalb der zugelassenen Gedanken der Parteiprogramme unserer beiden staatstragenden Parteiungen, denn, warum weißt du das nicht, von ihnen bekommst du ein Stipendium. In deinem Schreiben setze sich auf deine studierte und feinfühlige Art der Wahlkampf und Ideenstreit des Lagers Österreich fort; mehr wird da nicht gebraucht. Da du aber ein Trottel bist, muß man dir nicht nur sagen, was du machen sollst, sondern auch das, was du nicht machen sollst. Schreibe auf keinen Fall gegen irgend etwas, wogegen nicht ohnehin eine Menge Leute sind, sonst gibt's keine Leser, geschweige denn Stipendien. Schreibe nicht gegen den Verstand, die Ehre, das Gewissen, die Phantasie, den Mut, die Treue, den Zufall, kurz gegen alle Kategorien, die in letzter Zeit verdächtig geworden sind. Schreibe vor allem aber möglicherweise nicht gleichzeitig über sie, denn sonst kennen sich die Leute nicht mehr aus und fangen an nachzudenken; außerdem das Vernebeln ist Monopol höherer Stellen als so mickriger Schriftsteller. Es ist verdammt inopportun, über den Status quo des gegenwärtigen philosophischen Glaubensgutes hinauszudenken. Das ist Ketzerei, und du kannst höllisch froh sein, daß du in so liberalen Zeiten und Gegenden lebst, in finstereren Epochen sähest du dich auf dem Scheiterhaufen. Es ist gefährlich, die Zerreißproben deines Geistes und deines Weltverständnisses vorzuführen, wozu soll das gut sein? Das führt doch nur zu Beunruhigung, zur Gefährdung der endlich in den Hafen der unabänderlichen Sicherheit steuernden Conditio humana. Das ist unmenschlich und unsportlich zugleich. Vor allem aber laß dir nicht einfallen, in deinen Schriften unter die Gürtellinie zu langen. Die sexuelle Phantasie ist zwar ein alter Hut und gut für diese minderen Medien wie Film und Illustrierte, aber Bücher, die Gedanken transportieren, die stipendienwürdig sein sollen, müssen davon unbehelligt bleiben.«

»Es ist genug«, schrie ich und wendete mich mit Grausen zur Tür. Ich trat hinaus auf die Straße, und da lag wieder das Gefühl eines gräßlichen Unfalls in der Luft. In der Ferne bewegte sich ein Autokorso über den silbernen Streifen am Horizont, der wie ein Sicherheitsnetz aufgespannt war.

13. Juli 1975 (»Tagebuch«)

ALFRED PAUL SCHMIDT

Leben und Leiden

Vor einigen Wochen habe ich in einem Tagebuch zwei deppensichere Möglichkeiten beschrieben, ein Stipendium zu ergattern, und eine dritte, wie man nichts kriegt. Nun, offensichtlich schreibe ich auch in einer der zwei erstangeführten Kategorien, denn ich habe vor kurzem ein Staatsstipendium für Literatur zugesprochen erhalten. Den Abend und die Nacht jenes Tages, an dem mich die verbriefte Verständigung des Unterrichtsministeriums erreichte, verwendete ich, dem Anlaß entsprechend, zu einem Gelage, bei dem ich unausgesetzt unterwegs war. Bruder Alkohol helped me make it through the night. Gegen Morgen verdichteten sich in meinem Gehirn immer mehr die Anstrengungen, dieses Paradoxon eines wandernden Gelages in ein alle seine Eigenschaften proper ausspielendes überzuführen. Dazu wird es nötig sein, dachte ich scharf, präzise und folgerichtig, eine mir bekannte und nicht allzu abholde Dame aufzusuchen.

Ich wanderte also, abgelenkt von allerlei geistigen Empfängnissen, die einem Schriftsteller so gut zu Gesicht stehen, durch den Stadtpark in ein besseres Wohnviertel unserer Stadt, wo ich der intendierten Dame meine Aufwartung machen wollte. Natürlich alles vom Standpunkt einer äußersten Subjektivität gesehen, zu der ich vom Subjektivmacher Alk ermuntert worden war. Die Haustür war offen, was ich, vorzeichengläubig, als ein gutes Zeichen deutete. Aber leider wurde mein Klingeln nicht mit einer einladenden Öffnung der Wohnungstür beantwortet, sondern nur mit einer stummen Unverändertheit der Dinge rund um mich.

Mit einem kurzen Entschluß wurde ich meine angestreckte Subjektivität los und legte mich im Vertrauen auf die objektiven Qualitäten eines doppelstöckigen Pfiffs, den Schläfer im Tal markierend, auf den Fußabstreifer vor die abweisende Tür. Die besseren Leute dieser besseren Wohnviertel können sich solcher Erscheinungen nur mit Hilfe der Polizei erwehren. Irgendwer im Haus, nicht die Zielfrau meines Gelages, die war nicht zu Hause, wie ich später erfuhr, bestellte die Polizei, und die muß gekommen sein, denn ich erwachte mit merkwürdigen Schmerzen in den Oberarmen und den Seitenstücken meines Rumpfes im Flur des Polizeigefangenenhauses, wo ich mich, umringt von Polizisten und Polizeidienern, wiedererkannte. Als ich nach meinem Namen gefragt wurde, gab ich, im stolzen Bewußtsein, ein stipendienbestückter Schriftsteller zu sein, meinen Namen der vollen Länge nach zu Protokoll. Der Bürokrat im Polizeigewand, der mit der Aufdeckung meiner Identität befaßt war, merkte sich aber nur den Namen Paul Schmidt, unter welcher Chiffre ich natürlich in keiner Matrikel der Welt aufzufinden bin. Dieses Mißverständnis oder diese Merkschwäche des Polizeibeamten führte zu Aktionen, die sich für mich sehr nachteilig auswirkten. Die Polizanten glaubten, ich wolle sie in die Irre führen oder auf den Arm nehmen, wofür sie mich nach den Regeln dieser Kunst, alles auf den Kopf, zusammenschlugen.

Nachdem die Deckungsgleiche der Person, für die ich mich halte, und jenem Extrakt, für das mich die Polizei hält, hergestellt worden ist, wurde ich in eine Zelle gesteckt. Vorher wurde mir noch mein Leibriemen abgenommen, das war gut so, denn in meiner Wut konnte ich für nichts garantieren. Eine Zeitlang trommelte ich an die Zellentür, wie ich es in den wüstesten Tschumbusfilmen gesehen habe, denn meine Verwirrung und mein schmerzender Kopf gestatteten es mir nicht, die Dinge abwartend zu betrachten.

Nach dem Verhau lebte ich die bedrückende und nicht wegzudenkende Vorstellung, daß ich jetzt für eine lange Zeit hier gefangen sein werde und dagegen absolut machtlos bin. Aber schließlich forderte die Natur wieder ihr Recht, und ich vergrub mich, ein Schlaflied auf meinen geschwollenen Lippen, wie ich das aus meinen besten Hospitalismuszeiten kannte, unter einem Dutzend härener Kotzen.

Gegen Nachmittag erwachte ich hungrig, durstig und nüchtern dazu. Nicht einmal in den Genuß des berühmten Häfenschlicks ließen mich die Brüder kommen. Um drei Uhr wurde ich einem Polizeirichter vorgeführt, der mich, ohne ein Wort an mich zu verschwenden, binnen einer Minute zu 660 Schilling Geldstrafe verdonnerte. Ich habe, Gott sei Dank, die Möglichkeit, diese Buße durch das Honorar für diesen Artikel abzudecken, aber was machen andere, die müssen glatt arbeiten. In der Richterstube erheiterte mich der große Stempel, den die Sekretärin quer über den Wisch kleschte, der meinen Fall beinhaltete und der besagte, daß ich alkoholisiert war. Der Beamte, der mir meine Habseligkeiten bei meiner Entlassung aushändigte, verabschiedete mich mit dem ältesten und miesesten Homo-Schmäh: Das ganze Haus weine, weil jetzt der fescheste Bursch wieder fortgeht.

14. September 1975 (»Tagebuch«)

ALFRED PAUL SCHMIDT

Wer schreibt, hat mehr vom Leben

In schon länger vergangenen Tagen war in einer »Staberl«-Kolumne, die sich mit den Vorzügen der »Kronen Zeitung« befaßte, zu lesen: Wo gibt es heute noch eine Tageszeitung, die echte Dichter beschäftigt. Gemeint waren die Herren Löffler und Fritsch. Die zivilisationskritischen und oft sehr hintersinnigen Marginalien, durch die Herr Löffler als »Telemax« seine Leser zum Lachen und hoffentlich auch staunenden Nachdenken bewegt, waren wohl wegen ihrer unbestritten intellektuellen Delikatheit schon des öfteren Gegenstand lobender Auseinandersetzung. Hingegen hat sich, meiner Erinnerung, mit den Arbeiten von Günther Fritsch, seinem »Kleinen Bezirksgericht«, bisher noch keine analytisch getrimmte Feder beschäftigt. Ich glaube, das hat einen einfachen Grund. Das Werk von Günther Fritsch liegt einfach jenseits des Horizonts unserer Literaturbeamten und schöngeistigen Schätzmeister.

John Steinbeck wurde einmal gefragt, wer der größte amerikanische Dichter sei. Da war das Erstaunen sehr groß, als die Antwort den Namen eines bekannten Comic-Schreibers trug, Al Capp, dessen Seriengeschichten Tag für Tag in den großen Zeitungen der Vereinigten Staaten erschienen. Auf eine ähnliche Frage, wer der beste Dichter Österreichs sei, nannte Wolfgang Bauer spontan den Namen G. Fritsch.

Ein Gutteil dieser Wertschätzung mag wohl von einem inneren Kriterium des Schreibens herrühren, jener Bewunderung des Schreibers für den anderen, dem immer wieder in offenbar unendlicher Fülle etwas einfällt. Und es sind nicht die schlechtesten Schreiber, denen es zustößt, daß ihre Erfindungsgabe plötzlich einen Knacks bekommt, daß sie hilflos vor der totalen Blockade stehen, die zu überwinden nur noch der Strick als geeignete Maßnahme erscheint. Gelegentlich findet man dafür Verständnis.

Als ich mich zu Anfang meiner Schreibbemühungen wegen eines Nachtportierjobs bei einem Hotelier vorstellte, wurde ich natürlich gefragt, welchen Beruf ich habe. Schriftsteller. Voll Mitgefühl sagte der Herbergsvater: »Mein Gott, warum haben Sie sich denn so einen schweren Beruf ausgesucht?«

Ich bekam den Job.

In der Tat ist die Phantasie, die Innovationskraft des G. Fritsch allein in ihrer Quantität ein Phänomen, dem nicht genug Bewunderung gezollt werden kann. Das ist aber noch lange nicht alles.

Zweifelsohne gilt im literarischen Gewerbe die Sparte Unterhaltung als die schwierigste. Deshalb gibt es auch so wenige wirklich gute Unterhaltungsschriftsteller, dafür jede Menge philosophische Spekulanten, Beschreibungsartisten und andere weltverbesserungswillige Langeweiler. Aber eine einfache gute Story zu schreiben, bei der einem das Lachen im Halse stecken bleibt, weil bei allem Humor die Zeilen Wirklichkeit vermitteln, die in keinem statistischen Jahrbuch steht, das können nur wenige. Und G. Fritsch tut das Tag für Tag.

Man hat Ionesco mit dem Etikett »Genie des Banalen« versehen. So etwas passiert halt in einer Kultur, die sich als letzte Rettung die Sichtweise des Kindes verordnet. Ich halte Ionesco einfach für einen klugen Kopf, der mit der Geste des Dichters erzählt, daß er keiner ist. Natürlich wird er dadurch schon wieder zum Dichter. So ist es halt. Im Gegensatz dazu wird Fritsch nicht durch Regression zum Dichter, sondern durch die Verhältnisse, über diese hinauszuweisen.

Vordergründig betrachtet, das ist ja die beliebteste Art der Betrachtung, ist er natürlich kein gesellschaftskritischer Autor. Aber bitte, welche gesellschaftliche Funktion besitzt ein Autor, dessen Alltag ständig und mit einer erstaunlichen Beharrlichkeit das Unwahrscheinliche in die Welt hereinzieht. Die ständige Begegnung mit dem quasi Phantastischen und Unmöglichen muß doch irgendwo eine Unzufriedenheit ausdrücken. Das Alltägliche und Gehabte stellt den Schriftsteller Fritsch anscheinend nicht zufrieden. Die Protagonisten seiner Geschichten sind zwar Menschen in ganz alltäglichem Sinne, wie du und ich, sie befinden sich aber ständig in einer Ausnahmesituation. Sie sind schlicht Abweichler, Dissidenten des Normalen, Unangepaßte. Nur vom Unangepaßten ist eine Änderung zu erwarten. Das wissen inzwischen alle Soziologen, aber je nach ideologischer Ausrichtung erwarten die einen von ihm Schrecken und Vernichtung, die anderen hingegen Heil und Segen.

Zwar wird das Ausscheren zumeist alkoholisch begründet, berauscht zu sein ist ja der einzige konsentierte Zustand, in dem man sich ein gewisses Maß an Individualität herausnehmen darf, aber durch die Verrücktheit der Aktionen, durch die Hilflosigkeit diverser Spontaneitäten wird dieser Individualismus wieder auf seine Sinnlosigkeit zurückgeschraubt. In den Geschichten von G. Fritsch drückt sich ein tiefes Unbehagen aus, das auf die einfache Formel gebracht zwei Bewußtseinszustände vermittelt: Man kann nicht so sein, wie man will, und deshalb kann man nichts machen.

Aber man kann doch etwas machen. Günther Fritsch beweist es Tag für Tag.

10. September 1978 (»Tagebuch«)

KARIN STRUCK

Begierde auf Einzelheiten

Du willst die ganze Welt auf einmal erkennen, du willst die ganze Welt auf einmal und mit einem Begriff erklären können. Du teilst die Welt auf in Arbeiter und Kleinbürger, und sobald ein Arbeiterkind die Universität betreten hat, nennst du es »Kleinbürger«. Du erfährst nichts, aber du sprichst davon, daß du »Erfahrungen machen« willst. Zu Freudensprüngen, zu lautem Auflachen, zu ungeheurem Erstaunen, zu überstürzten Handlungen bist du unfähig geworden. Mitteilungen nimmst du regungslos zur Kenntnis und hakst sie ab. In deinem Notizbuch könnte stehen: »Mutter ist begraben worden, ich bin dabeigewesen.« Als Kind hast du gefragt, ob ein Mensch eine Schachtel sei, in die man Gefühlsregungen oder Anweisungen zu Gefühlsregungen, Gedanken oder Anweisungen zu Gedanken, hineintue, die wieder herauskämen, ob von innen denn gar nichts käme, ob denn alles nur ein »Verhalten« sei. »Du bist in Paris, und deine Mutter ist immer noch tot.« Du siehst die verwelkenden, schon faulig riechenden Blumen, genauer: Spinnen und Rosen, nur aus Faulheit und aus Ekel vor dem fauligen Blumenwasser hast du sie noch nicht in die Mülltonnen geschüttet, du denkst: »Das sind verwelkende Schnittblumen, lebte ich in einer paradiesischen Welt, brauchte ich mir keine Schnittblumen im Blumengeschäft zu kaufen.« Jemand hat dir die Schnittblumen im Rahmen einer Feierlichkeit geschenkt, und obwohl du sie dekorativ auf deinen Schreibtisch gestellt hast, haben sie dich vollkommen kaltgelassen. Nur das Ekelgefühl vor dem fauligen Blumenwasser und das Zergehen des Wortes »Schnittblumen« auf der Zunge. Du stellst dir vor, wenn »die ganze Menschheit« zum Beispiel ein Wort wie »Schnittblumen« Schicht für Schicht empfinden würde, wäre schon viel gerettet. Eines Tages badest du dein Kind, du wäschst deinem Kind das lange Haar, welches das Kind ins Honigbrot hat hängen lassen; als du das nackte Kind vor dir stehen siehst, dem die nassen zusammengepackten Haare im Nacken stehen, holst du mit einem Ruck die Schere und schneidest das Haar mit einem Ruck ganz kurz ab, die abgeschnittenen Büschel trägst du zum Abfalleimer in der Küche, im Moment hast du das Gefühl, du hättest ein Stück von dem Kind abgeschnitten, und du hättest einen Mord begangen, oder du hast doch einen atmenden Menschen verletzt, du hast dich an dem Gefühl erfreut und hast es nicht einordnen wollen. Du erfreust dich an Träumen, und du ordnest deine Träume nicht ein. Du sagst: »Solange ich noch träume!« Träumst du, sagt man, »in dieser Gesellschaft« träume man nicht einmal mehr. Erzählst du am Frühstückstisch einen Traum, sagt man, »ein typischer Angsttraum«. Du denkst: »Solange ich noch träume!« Du denkst: »Wenn ich träume, TRÄUME ich, wenn ich schlafe, SCHLAFE ich, im Schlaf und im Traum bin ich noch ganz bei mir, die Macht der Verallgemeinerung hört im Einschlafen auf.« Das Gesicht deiner Mutter schaust du nicht an, du siehst nicht einmal mehr »Gesichter« und bist doch begierig auf einen Mondflug zum Gesicht deiner Mutter. Du hörst von »den Toten des Zweiten Weltkrieges« sprechen und bist begierig, dir einen einzigen Toten des Zweiten Weltkrieges vorstellen zu können. Du denkst: »Mein Leben ist eine Einzelheit.« Wenn du ein Arbeiter wärst, würdest du dich mit aller Kraft wehren, wenn man dich als »typischen« oder »nicht-typischen Arbeiter« bezeichnen würde oder dich einfach führte unter der Rubrik »die Arbeiter«. Du verlangst, daß jeder Mensch einzeln und einzigartig sein darf. Du kennst die Gegenstände kaum, die dich umgeben: Fernsehapparat, Plattenspieler, Glühlampe, Kühlschrank, Elektroherd, du schaltest sie ein und kümmerst dich nicht um die Einzelheiten. In der Schulzeit hast du einmal ein Kalkwerk besichtigen und nach der Besichtigung beschreiben müssen. Du erinnerst dich auch an Werksbesichtigungen. Es war alles so lächerlich. Zu viel Zwang, du hast gar nicht hinschauen können. Jedes Jahr ein Frühling, und du hast gar nicht hinschauen können. Von dem Frühling hast du nur noch aus dem Wetterbericht nach der Tagesschau gewußt. An Empfindungen, wie du dich hast von der Sonne wärmen lassen, kannst du dich nicht erinnern. »Die Sonne« ist dir ganz und gar zu einem Begriff geworden. Du hast keine Wärme mehr gespürt, du hast immer schon gewußt »Sonne ist warm«. Wenn plötzlich die Sonnenstrahlen alles gefrieren ließen, könnte dein Sinn für Einzelheiten wiederkommen. Du fürchtest, daß »die Wissenschaftler« eines Tages Wege finden, den Schlaf und den Traum abzuschaffen, du fürchtest, daß »die Wissenschaftler« eines Tages Schlaf-Arbeiten und Traum-Arbeiten erfinden. Mittel und Wege finden sie immer, dich ganz und gar in einen Begriff zu verwandeln. In Briefen entschuldigen sich deine Freunde, daß sie »so unzusammenhängend« schreiben. Du antwortest: »Warum erwartet ihr Strafe, wenn ihr unzusammenhängend denkt und fühlt und schreibt?« Du brauchst nur die Haltung deines Kopfes zu verändern, und schon schießt dir eine Einzelheit durchs Gehirn. Du hältst sie fest, denn sonst bist du nichts, und du willst, daß jeder einzelne einzeln und einzigartig sein darf. Du gehst über die Straße, und dich fährt ein Auto an, verstümmelt dich, und in der »Frankfurter Allgemeinen« steht, infolge der Geschwindigkeitsbeschränkung habe die Zahl der Todesopfer um dreißig Prozent abgenommen, du bist nicht unter den verhinderten Toten.

24. Februar 1974 (»Konfrontationen«)

HANS TRUMMER

Anmerkungen zur Kleinstadt – Am Beispiel Bruck an der Mur

Unlängst verbrachte ich einige Tage in Bruck an der Mur auf Besuch bei meinen Eltern. Ich wurde in Bruck an der Mur geboren, und ich bin dort aufgewachsen. Vor nunmehr zehn Jahren legte ich am Brucker »Realgymnasium« die »Reifeprüfung« ab. Als Beitrag dieser Schule für mein Leben kann die Tatsache gewertet werden, daß mich noch heute hin und wieder ein Alp an die ausgewogene pädagogische Leistung einiger meiner Lehrer erinnert.

Ich verlebte also die rund ersten zwanzig Jahre meines Daseins in dieser knapp achtzehntausend Einwohner zählenden obersteirischen Kleinstadt, die – als an der Mündung der Mürz in die Mur gelegener Verkehrsknotenpunkt – auch Ausländern ein Begriff ist. (Merkwürdig: Keiner der zahlreichen Reisenden, mit denen ich sprach, verband mit der Erinnerung an diese Stadt ein angenehmes Gefühl.)

Die malerischen Wahrzeichen von Bruck an der Mur sind: Das »Kornmesserhaus« (erbaut 1499-1505) und der »Eiserne Brunnen« (errichtet 1626). Letzterer steht – als vielbesungenes Objekt ansässiger Heimatdichter – vor dem Rathaus auf dem Koloman-Wallisch-Platz. Bruck an der Mur ist Bezirkshauptstadt, Schul- und Industriestadt (Felten & Guilleaume, Mürztaler Papierfabrik AG) – laut Postsonderstempel eine »gepflegte Industriestadt«.

In der Tat: Die von den Sozialisten regierte Gemeinde stellt sich vorbildlich dar: Die Häuser im »Stadtkern« werden sorgfältig renoviert, um das alte »Stadtbild« zu erhalten; neue Wohnhausanlagen entstehen vornehmlich im Westen der Stadt, in Richtung oberes Murtal; im gesamten Stadtgebiet gibt es wohl kaum ein Stück Weg, das noch nicht »staubfrei« gemacht wurde; eine ganze Insel, nämlich die »Murinsel«, steht der Bevölkerung als Sportzentrum zur Verfügung usw.

Lediglich das einzige, kaum besuchte Kino, das »Stadtkino«, zeigt sich in einem desolaten Zustand. Zum letzten Mal gab es da vor einigen Jahren ein volles Haus, als nämlich die aus Bruck stammende Miß World, Eva Rueber-Staier, in einem Rolf-Thiele-Film nackt um einen Baum tanzte. Nun bröckelt in dem an sich schönen Kinosaal mit den viel zu engen Sitzreihen der ehemals rote Samt von den Wänden ...

Ich halte mich für gewöhnlich in Bruck an der Mur, dieser Kulisse meiner Jugend, etwa ein halbes Dutzend Mal im Jahr (jeweils für ein paar Tage) auf, um – wie erwähnt – meine Eltern zu besuchen.

Je größer der zeitliche Abstand zu meinem zurückliegenden Leben in diesem wohlorganisierten Gemeinwesen wird, desto unwirklicher erscheint es mir, daß ich eine lange Zeit ein ziemlich demütiger Teil darin war. Zwischen dem Wohlerzogensein zu Hause und dem öden Unterdrücktsein in der Schule gab's da nicht viel Spielraum. Unter diesen Umständen konnte man eine Lust aufs Leben nur schwer entwickeln.

Einen starken Ersatz für die Wirklichkeit und einige Kraft gaben mir damals (als ich vierzehn oder fünfzehn Jahre alt war) unter anderer Lektüre, die ich mir aus der

Gewerkschaftsbibliothek holte, vor allem die Bücher von Louis Bromfield und Richard Mason, weil deren Handlungsschauplätze fast durchwegs in exotischen Ländern angesiedelt sind. Allein schon der Titel eines dieser Romane, »Schatten über den blauen Bergen« von Richard Mason, klang mir irgendwie wie eine Verheißung für eine zukünftige Lebensform ...

»Mit siebzehn hat man noch Träume«, sang Peggy March, als ich in eben demselben Alter war. In obiger Zeile muß die Betonung auf dem »noch« liegen. Und »Traum«, das war bereits in diesem Lebensabschnitt meist ohnehin nur die zum Wunsch geschrumpfte Vorstellung einer ungefähren Entwicklung der vermeintlichen eigenen Fähigkeiten. Und selbst dieser »Traum« sollte nur für wenige Wahrheit werden.

Es ist eine besondere Spezialität der Kleinstadt, der Jugend den Elan einfach abzuwürgen. In diesem doch recht eingeschränkten Lebenskreis, der Vergleichsmöglichkeiten jedweder Art, außer der des »Normalverhaltens« des Bürgers, kaum zuläßt, ist einem, der dieser Norm nicht entspricht, die Schneid schnell abgekauft. In die Isolation gedrängt, ermattet man schnell. Und anfänglicher Ermattung folgt vielfach eine lebenslange Resignation.

Aber das flotte Lied: »Sei zufrieden!« ist nicht umsonst seit undenklichen Zeiten ein Hit in Ö-Regional. Für zwei Jugendfreunde von mir allerdings konnte dieser so schwungvoll vorgetragene Trost kein Motto fürs Leben sein. In beiden Fällen war der Mittelschule nahtlos die Wehrpflicht gefolgt und dieser ebenso nahtlos ein Studium. Ein Studium, das auf nachdrücklichen Wunsch der Eltern betrieben wurde; es galt schließlich eine Tradition fortzusetzen.

Diese meine Freunde nahmen sich kurz vor der Beendigung ihrer Studienzeit, kurz vor dem unausbleiblichen

Eintritt ins Berufsleben, das Leben: vor fünf Jahren vergiftete sich der eine, ein Jahr später erschoß sich der andere. Alltägliche Geschichten mit nicht alltäglichem Ausgang: So etwas kommt natürlich immer wieder vor. »Man soll doch endlich fragen, warum sich jemand umbringt«, sagt Franz Innerhofer in »Schöne Tage«.

In den nächsten Monaten werde ich damit beschäftigt sein, darüber Genaueres zu schreiben. Den Lebensumständen in der Kleinstadt wird dabei ein gebührender Platz eingeräumt werden.

15. Februar 1976 (»Tagebuch«)

PETER WEIBEL

Frei fühlen

Zur stunde, wo den zeitungen das wort gedeiht, um der materiellen verschmutzung der erde einhalt zu gebieten, wo aus den tiefen der lebensangst um wasser und luft in kubikzentimetern gefeilscht wird, wo die kaimane durch den schlamm jagen, mit den barbarischen häuten ihrer schwänze um sich peitschen, zur stunde, wo der krug überzulaufen droht, wo die finsternis der umweltverschmutzung den erdball einhüllt, rede ich vom freien fühlen, nicht vom gefühl der freiheit, sondern von der freiheit des fühlens, von der freiheit, jedes gefühl bis ans äußerste ende seiner bewegung treiben zu lassen, von der freiheit also, sich frei zu fühlen von den zwängen des gefühls, die erziehung, angst, intellekt, normen verursacht haben, dem gefühl des zwangs das zwangslose fühlen entgegensetzen, die erkalteten gefäße bis auf den grund ausrinnen lassen, nur so werden sie wieder zu kommunizierenden. denn die propaganda gegen die umweltverschmutzung jagt den hasen und nicht den hund, nicht der krug läuft über und das wasser ist schlecht, sondern die quelle ist bereits vergiftet: unser lebensgefühl. mit den Worten derer, die den kampf um die umwelt führen, ein schmutziges denken und ein schmutziges fühlen, ein enges denken und fühlen haben uns eine schmutzige, enge umwelt gebracht. der hund, der unser lebensgefühl zu tode jagt, ist das eingesperrte denken und fühlen, die nun mit dem schlagwort der umweltverschmutzung wiederum auf die falsche spur gebracht werden. nicht den krug muß man ändern, wenn er zu platzen droht, sondern den wasserstrom, nicht die umwelt muß man ändern, sondern die quelle der umwelt: denken und fühlen. nur so ist die bedrohte ökologie unseres lebens zu retten, nur so zwischen dem menschen und seiner umwelt eine übereinstimmende gleichung herstellbar. eine erbarmungslose kette von vorschriften und anordnungen, der totemismus der sozialen psychologie, das begriffliche schattenreich gruppendynamischer hierarchien, die verrostete mechanik der metakommunikation, der enge horizont der plakatwände und tausendzüngigen zeitungen haben unser denken auf die stumpfe schneide eines messers verengt, haben unser gefühl zu einem harten stück brot ausgetrocknet.

›brennende steine‹: so verschüttet ist heute die möglichkeit, ›mensch‹ zu sein.

doch aus den tiefen unserer lebensangst schießen uns in jenen seltenen augenblicken, wo uns die tagtägliche verschmutzung unserer informationskanäle aus ihrer umklammerung läßt, wo wir die geschneuzten strickmuster der erscheinungen der rotznase gesellschaft, dieses hingeschmierte Gemälde vor unseren ungläubigen augen mit einem stummen blick der auflehnung in fetzen reißen wollen, schießen uns die sehnsüchte in die adern, die sehnsüchte nach einem reicheren leben, nach einem leben mit reicherem genuß, reicherem sinn, reicherem gefühl. der mensch braucht reichtum. reichtum, der in ihn hineingeht: erlebnisse, und reichtum, der aus ihm herausgeht: gedanken, gefühle, aktivitäten. erlebnisfähigkeit und kreativität müssen intensiviert werden. im staub der ausgetrockneten wege umbinden wir uns auf unserer reise mit gürteln voller tropfen, suchen wir statt der straßen die flüsse, finden wir in der musik die verlorenen schwingungen unserer gefühle, in den symbolen vergangener völker die klarheit unseres geistes. das gold, das die indianer ›tränen der sonne‹ nannten und das sie mit dem gleichen wort wie für milch bezeichneten, die tränen und die sonne, das gold und die milch, nach denen unsere ausgetrocknete haut schreie ausstößt, sind das reine gefühl, das von seinen fesseln entbundene gefühl. wir werden gürtel voller milch tragen. unsere kleidung wird der flammende ausdruck unserer gefühle sein, ungedämpft von den stornierungen der industrie. mäntel aus schnitzeln oder unterhosen aus schmirgelpapier. unsere wohnungen werden nicht glatt sein, sondern wülstig, bemalt wie das innere eines mutterleibs oder getreidekorns, räume wie klaffende wunden, badezimmer wie gewärmte eishöhlen, glaszapfen, in denen feuer brennt.

der alltäglichen aggression der beamten und verkäufer, dem tod in täglichen dosen, dem quietschenden müll des sozialverkehrs werden wir mit der alkalischen phantasie unserer subjektiven gestaltung ein ende bereiten.

anstatt des trostlosen trans verdickter gefühle, der sich durch die schaufenster und massenmedien wälzt, der unsere sinne verstopft und unsere brust krank macht, wollen wir gefühle, die wie kanus auf klaren strömen und unter freiem himmel dahinschnellen, vulkanologie der gefühle.

aus den klüften unseres gehirns splittern die momente der liebe und des hasses, der enttäuschung und der hoffnung, jene ausschüttungen des glanzes, wo wir den sinn unserer existenz erfahren. dieser sinn unserer existenz, von cargo-kulturen aufgeweicht, von falschen propheten umlagert, ist im gefühl erlebbar. derart ist er wegweiser für unsere gedankliche aktivität.

ich bin ein elektrischer krieger des gefühls. jede gefühlsregung zu stärken, tausendfach zu verstärken, klingt der song der elektroguitarre. ich liebe den weinenden mann am baum, ich liebe den, der seinen haß in brennender besessenheit, diese verruchte welt auszulöschen, in die nacht schickt, ich liebe den, der tagelang nicht spricht, der sich nicht fürchtet, unfreundlich zu sein, ich liebe den, der in einem pazifisch südseeartigen wunsch seine gäste nackt empfängt, der stumm im straßengraben liegt, um seinen schmerz mitzuteilen, der seine wohnung mit reißnägeln überschüttet, um seinen schmerz ausrinnen zu lassen. in dieser erschlafften welt gibt es keine lächerlichkeit, die zu scheuen, noch eine erniedrigung, die zu fürchten wäre. in dieser überfüllten welt muß jede gefühlsregung tausendfach verstärkt werden, um durchzukommen. psychodramen werden die existenz aus dem unermeßlichen schlaf reißen, hysterische, in prunkvollste farben getauchte hypersensible gefühle werden jene innere glut bilden, die dem leben seinen inneren sinn zurückgeben und zu einer vulkanischen eruption des lebensgefühls führen wird, die den erdball mit einer einzigen strahlung vom lebensbedrohenden schmutz säubern wird. reines gefühl, reine information sorgen für eine reine umwelt. es ist ein einfaches lied, das ich singe: laufe mit dem wogenden mantel der gefühle durch die nacht, und du wirst die ausschüttung des glanzes erleben. mein ruf ist einfach: setzt der gefühls- und informationsverschmutzung ein ende. reine information in die verschmutzten kanäle der massenmedien! für ein südseeartig gesteigertes leben!

28. Jänner 1973 (»Konfrontationen«)

FRANZ WEINZETTL

Die großen und kleinen Bestürzungen

Eine Terroristenaktion zum Beispiel wirkte auf einen, als man das erste Mal davon erfuhr, bestürzend, das zweite Mal war es eine Erinnerung an eine Bestürzung; und das dritte Mal eine Erinnerung an eine Erinnerung, aber keine Bestürzung mehr. So verhält es sich mit allen großen Bestürzungen ähnlicher Art; nach etlichen Malen hat man sich an sie gewöhnt wie an Menschen, denen man beinahe tagtäglich begegnet und deshalb so flüchtig mit ihnen umgeht, daß man sie im Grunde genommen über-sieht und über-hört.

Diese großen Bestürzungen bewirken also gar nichts, ist man nicht unmittelbar davon betroffen. Sie erschüttern unser Bewußtsein kaum, sie regen es höchstens auf, und es entsteht eine Lust, eine Sensationslust, je abgestumpfter das Bewußtsein ist, desto größer ist sie. Die Unglücksfälle der anderen werden eine Art Lebensersatz, Lebensauffrischung des eigenen Nichtlebens; an die Stelle der Sagen treten sagenhafte Nachrichten. Mit den Katastrophenfilmen wird das in letzter Zeit besonders erfolgreich ausgenützt. Schon vorher war die Wirklichkeit zur Szene erklärt worden: Terroristenszene, Rauschgiftszene usw.

Das alles macht zuweilen die Größe der kleinen Bestürzungen aus. Über sie kriegt man wieder ein Gefühl für die großen, indem man zuerst einmal beunruhigt ist, über etwas, worüber man bestürzt sein sollte, nicht bestürzt zu sein.

Diese kleinen Bestürzungen sind es, die ab und zu jemand dazu bringen, sein Leben zu ändern, es wenigstens zu versuchen. Und entweder stellt sich nach einer Weile ein ungeheures Ohnmachtsgefühl ein, situationsmachtlos zu sein, oder jemand versucht mit dem Mut der Verzweiflung, situationsmächtig zu werden: sich einer Gruppe Gleichgesinnter anschließend oder als Einzelperson, sich oft den Vorwurf einhandelnd, anmaßend egoistisch zu sein oder gar exhibitionistisch. Manches Mal, wenn diese kleinen Bestürzungen als Demütigungen empfunden werden (und Demütigungen sind nicht klein oder groß, sie tun immer gleich stark weh), wächst jemand über sich selbst hinaus.

Viele allerdings resignieren bald. – Jemand merkt zum Beispiel, daß er nie mehr das Wort Birke wird hören oder lesen oder einen Baum der Art wird sehen können, ohne augenblicklich an ein bestimmtes Haarwasser denken zu müssen. Und er versucht in der Folge, blind und taub zu sein, was Werbung betrifft; doch er kann sich nicht immerfort blind und taub stellen; und die ins Bewußtsein gelangte Werbung, die er sich aus dem Kopf schlagen will, er schlägt sie nur noch tiefer hinein. Und mit der Zeit kann er keine Filme mehr sehen, wo ein Schilf oder sonst eine unberührte Landschaft vorkommt, ohne sofort an ein gewisses Rasierwasser denken zu müssen: alles, was wie eine bestimmte Werbung ist, ist schon diese bestimmte Werbung.

Ein anderer erlebt, wie er, nach seiner Meinung gefragt, zu einem Problem nicht das geringste äußern kann, obwohl es schon soundsolange aktuell ist. Aus einem schlechten Gewissen heraus bemüht er sich, die fehlende Meinung möglichst schnell zu bilden, indem er viel davon liest, was andere zu dem Problem gemeint haben; da tritt ihm ein Standpunkt nach dem anderen entgegen, und er weiß nicht, welchen er als den seinen, als den richtigen wählen soll; und je mehr Informationen er sammelt, desto unsicherer und verwirrter und unentschiedener wird er. Schließlich hängt ihm das alles zum Hals heraus.

Oder jemand hört, das wird allerdings leider selten sein, eine Tonbandaufnahme von dem, was er gerade zuvor mit einem seiner Bekannten gesprochen hat. Er schweigt vor Entsetzen; nicht wegen des Dialekts (das wäre völlig falsch), sondern weil das Gesagte so wenig mit dem übereinstimmt, was er sich eingebildet hat, immer zu sagen: nämlich etwas zu sagen. Nachdenklich beschließt er, in Zukunft genau zu überlegen, zu was er tatsächlich etwas zu bemerken hat und andernfalls den Mund zu halten. Doch sein Entschluß wird bei der nächsten Gelegenheit hinfällig; ihn, den guten Bekannten, auf sein leeres Gerede aufmerksam zu machen, wäre der erste Schritt in eine Isolation, die weitaus schmerzhafter sein würde, als zu wissen, daß man redet, ohne etwas mitzuteilen, außer, daß man nichts mitzuteilen hat.

Viele geben in einer gleichsam großen Bestürzung auf, als Rest verbleibt ein versteckter Groll, der mit jedem Erinnern beständiger wird. Man weiß, daß die Umstände, in denen man lebt, gemachte sind und als solche veränderbar sein müßten und daß sie so gemacht sind, daß man allzu leicht aufhört, sich zu wehren. Man richtet sich ein, wohl wissend oder ahnend, daß man eingerichtet wird wie ein herausgesprungenes Gelenk: ob das im allgemeinen der einzelne seiner Umwelt gegenüber ist oder ob es im besonderen Arbeiter, Studenten oder Präsenzdiener sind: viele geben auf.

Aber: wenige lehnen sich auf, wenige davon mit Erfolg: es sind die ewig alten und neuen Vorbilder, die einzig wirklichen und wichtigen.

15. August 1976 (»Tagebuch«)

URS WIDMER

Steirisches Tagebuch

27. Oktober

Ich bin ein Schweizer, aus Basel. Ich hüte mich, jemals ins Ausland zu reisen. Ich weiß, daß man dort die Cholera und weiß Gott was bekommt. Jetzt aber hat man mich aufgefordert, ein steirisches Tagebuch zu schreiben. Tja, ich kann ja nicht über die Steiermark schreiben, ohne sie zu kennen.

28. Oktober

Ich bin gut in Graz angekommen. Ich fliege zwar lieber mit der Swissair, aber die Musik, die aus dem Bordlautsprecher der AUA-Maschine kam, gefiel mir gut. Nur beim Aussteigen spielten sie einen Wiener Walzer, obwohl Wien nicht in der Steiermark liegt. Der Pilot verfehlte in Graz zweimal die Piste. Ich fühle mich hier schon wie zu Hause, besonders auf dem Flugplatz, wo man Schweizer Schokolade kaufen kann.

29. Oktober

Die Schwierigkeiten fangen an. Ich habe eine »Kronen Zeitung« gekauft. Ich finde ein Schweizer Sportresultat nicht! Wie soll ich jetzt erfahren, ob der FC Basel gewonnen hat! – Ich wohne in einem uralten schönen Haus, mitten in der Stadt. Die Hauswirtin spricht eine merkwürdige Sprache, nicht eine so verständliche wie ich.

Ich habe mir einen steirischen Hut und ein komisches Jöppchen gekauft. Sie stehen mir gut. Wir in der Schweiz haben auch so ähnliche Kleider, aber unsere Joppen sind schwarz, mit gestickten Edelweißen drauf. Edelweiße soll es auch hier geben. Ich habe aber noch keine Zeit gehabt, so hoch hinauf zu steigen. Ich muß immer in den Gasthöfen sitzen. Sie sind eigentlich fast schöner als in der Schweiz, wo sie längst alle Pub, Snack, Quicky und Speise-Center heißen.

31. Oktober

Heute habe ich einen Brief von einer Züricher Zeitung bekommen, mit der Anfrage, ob ich für sie auch ein Tagebuch schreibe. Bedingung ist nur, daß die Stadt Zürich darin vorkommt. Dann überweisen sie mir 150 Schweizer Franken. Ich freue mich über den Brief. Ich gehe in ein Gasthaus und mache mir die ersten Gedanken über Zürich. Das steirische Tagebuch, das muß ich sagen, schreibt sich ganz von selbst.

4. November

In einem Lokal, wo es nur Schnaps gab, habe ich zwei steirische Künstler kennengelernt. Der eine, ein Dramatiker, trug auch ein Jöppchen wie ich. Wir mußten sehr lachen, als wir merkten, daß wir es im selben Geschäft gekauft hatten. Ich sagte ihm, daß ich auch ein Theaterstück geschrieben habe. Spielt es in der Steiermark? fragte er flüsternd. Als ich den Kopf schüttelte, wurde er bleich und legte den Finger auf den Mund. Pst, sagte er und deutete mit den Augen auf den anderen Künstler, der neben ihm saß, einen mit einem schmalen, eher bleichen Gesicht: der da ist verantwortlich, daß in allem, was geschrieben wird, die Steiermark vorkommt! Ich muß meine Stücke auch alle in der Steiermark spielen lassen! Dabei bin ich in Wirklichkeit ein Weltbürger! Ich nickte ernst. Bin ich auch ein Weltbürger, oder was? dachte ich. Dann bestellte ich drei Obstler, für den Dramatiker, den Steirer und mich.

5. November

Es mußte ja so kommen, ich habe die erste Steirerin kennengelernt. Sie heißt Hanna und ist sehr schön. Ich würde sie heiraten, wenn ich nicht Schweizer und sie nicht Steirerin und wenn sie nicht schon verheiratet wäre und ich auch. Wir haben uns für heute abend verabredet. Da hat ihr Mann, ein Dichter, eine Lyriklesung. [...] ich, das typisch Züricherische gut aufsagen, in einer Mundart, die sie noch nicht kennt.

6. November

Ich habe mein Tagebuch für die Züricher Zeitung fertig. Das war eine Schufterei! Aber jetzt habe ich, glaube ich, das typische Züricherische gut getroffen, und man merkt kaum, daß ich mich in Zürich überhaupt nicht auskenne. Übrigens fühle ich mich in der Zwischenzeit riesig wohl in der Steiermark. Ich glaube, ich werde in der Steiermark bleiben. Wie konnte ich so lange nicht in der Steiermark leben? – Mit Hanna ist es leider aus. Sie hat meine Mundart nicht verstanden. Sie ist weinend zu den letzten zehn Minuten der Lyriklesung gegangen. Schluchzend sind sie und ihr Mann sich in den Armen gelegen, vor allen Leuten. Ich habe beschämt zu Boden geschaut. Das sind noch Menschen, diese Steiermärker, nicht zynische Roboter wie wir Schweizer.

7. November

Ich habe die »Kronen Zeitung« abonniert und vermisse die übrige Welt überhaupt nicht mehr. Ich warte ungeduldig auf das Honorar der Züricher Zeitung. Heute abend treffe ich den Dramatiker und den schmalen, bleichen Künstler. Sie wollen mir ein paar Tips für meine steirische Glosse geben, damit ich nicht furchtbar einbreche.

8. November

Der Dramatiker hat mir versprochen, daß er mir die steirische Staatsbürgerschaft verschafft. Das wäre was! Ich würde mich mit einer Schweizer Staatsbürgerschaft revanchieren. Wir müßten nur ein bißchen in meinem Paß herumradieren und das Foto retuschieren. Er ist ein bißchen jünger als ich, röter und hat keinen Schnauz.

9. November

Ich bin wie vom Blitz angerührt. Die Züricher Zeitung schickte mir mein Tagebuch zurück! Nun ja, denke ich schließlich, es sind eben Schweizer. Dumm ist nur, daß sie auch das Geld nicht schicken. Ich muß jetzt sofort mein steirisches Tagebuch fertig schreiben. Leider kann ich mich an die Tips von meinen Freunden nicht mehr erinnern, oder nur an solche, die ich besser nicht hinschreibe, wenn ich nicht will, daß auch diese Arbeit wieder zurückkommt.

9. November 1974 (»Tagebuch«)

URS WIDMER

Fremder Stern

In einem früheren Tagebuch für die »Kronen Zeitung« habe ich behauptet, in Graz zu sein, dabei saß ich in Frankfurt, mitten im Industriegestank. Jetzt aber bin ich wirklich in Graz, die Luft ist gut, ich sitze an der Schreibmaschine vor einem Fenster, durch das ich den Uhrturm und die Stadtmauer sehe, auf der ein Mann und eine Frau eng umschlungen sitzen. Es ist auch früher schon vorgekommen, denke ich dann und schaue zu den beiden hinauf, daß aus einem Blick durch eine Glasscheibe Literatur geworden ist. Zum Beispiel war Dante nie in der Hölle und Peter Handke nie Hausierer.

In meinem früheren Tagebuch sind vom Setzer mehrere Zeilen ausgelassen worden. Das war weiter kein Unglück, ich glaube nur, es ist vorsichtiger, wenn ich alle meine Zeilen doppelt, wenn ich alle meine Zeilen doppelt schreibe.

Das Haus, in dem ich seit fünf Tagen lebe, ist ein Museum, beziehungsweise es will ein Museum werden. Früher hat Kronprinz Franz Ferdinand darin gewohnt. Nachts gehe ich an alten Rüstungen und Prangern und Rädern und Eisernen Jungfrauen vorbei in meine Wohnung. In meiner Hausordnung steht, daß ich weder die alten schönen Truhen zu Kleinholz hacken noch Orgien feiern soll.

Ich hatte ein bißchen geglaubt, Graz ein bißchen zu kennen. Jetzt habe ich eher das Gefühl, auf einem fremden Stern gelandet zu sein. Andererseits ist mir vieles auf dem fremden Stern sehr vertraut, nur, mit der Zeit stimmt etwas nicht. Vieles sieht hier so aus, wie es bei uns 1955 ausgesehen hat, die Wirtschaften, die Zeitungsinserate, die Streichholzschachtelautomaten, die Kinos, die Straßenbahnen. Das ist schön und irgendwie rührend. Denken die Leute hier jetzt das, was man bei uns 1955 gedacht hat? Ich habe keine Ahnung. Jedenfalls, was bei uns kompliziert ist, ist hier einfach, und was bei uns einfach ist, ist hier kompliziert. Es ist jedoch anders kompliziert, als es für mich kompliziert wäre, wenn es für mich kompliziert wäre.

Bei dem amerikanischen Science-fiction-Autor Kilgore Trout gibt es eine Geschichte, da kommt einer in einer fliegenden Untertasse von einem andern Planeten, und er kann nicht fassen, was die Menschen, die zusammen Kinder zeugen wollen, zusammen machen. Er weiß, daß sie, wenn's dann doch klappt, nur das Glück der Arglosen gehabt haben. Alles ist in Wirklichkeit ganz anders. Man kann nicht einfach drauflos, wie in den schwedischen Filmen, und fertig. Sondern es muß draußen im richtigen Augenblick und Abstand eine Katze vorbeigehen, die Frau muß zehn Tage vorher eine lila Tulpe gepflückt haben, und der Mann muß in seiner Kindheit in seine Großmutter verliebt gewesen sein, aber nicht allzu sehr. So etwa. Ich will damit sagen, daß der Untertassenmann, der übrigens wie ein Streichholz aussah, sich wunderte, daß man das scheinbar Gleiche so verschieden sehen kann.

Ich sehe nicht wie ein Streichholz aus. Ich bin auch nicht in einer fliegenden Untertasse gekommen, sondern mit der AUA. Sie hatte Verspätung, was gut war, weil so meine Freunde Klaus und Ilse gerade rechtzeitig am Flughafen eintrafen, als sie mich abholen wollten.

Es geht hier alles langsamer, als ich das denke. Ich wollte zum Beispiel in meine Wohnung hinein. Es dauerte vier Tage. Der erste zuständige Mann war beim Skilaufen, der zweite war krank, der dritte gab den Schlüssel nicht her, solange nicht der zweite und der erste etc.

Meine Schreibmaschine brummt wie ein Bär. Ich habe noch eine zweite, eine vom Museum. Sie ist vermutlich sehr wertvoll, sicher hat Franz Ferdinand auf ihr geschrieben, »liebes Schatzi«, schrieb er vielleicht auf ihr, »wie gern würde ich heute in Deinem Rosengarten lustwandeln, aber leider muß ich nach Sarajewo. Es wird nicht lange dauern. Es stinkt mir gottserbärmlich, aber Du weißt ja, daß der alte Herr stur wie ein Bergesel ist, Dein Franz Ferdinand.«

Ich will hier in Graz unter anderem ein Buch schreiben, dessen Handlung ich mir im Augenblick etwa so vorstelle: Ein Mann lebt mit einem andern Mann in einem Haus und denkt, eigentlich hätte er lieber eine Frau. Die Schwierigkeit für ihn ist, der andere Mann ist sein Vater, er ist ein Dichter und krank. Der junge Mann traut sich kaum aus dem Haus. Er hat eine panische Angst, der Vater könnte sterben. Auch dichtet er nicht, obwohl er möchte, er phantasiert nur wilde Sachen in seinem Kopf herum. Wenn er seinen Vater anschaut, kommt er sich wie der junge Wolfgang Amadeus vor, wenn dieser auf seiner Violine herumkratzte. Dann lernt der junge Mann eine junge Frau kennen. Es gibt eine Liebesnacht, ein völliges Debakel. Am Schluß wird alles gut, das heißt, der Vater stirbt.

Heute habe ich geträumt, daß meine Frau die Truhe, in der unser Bettzeug ist, auseinandersägt, und ich stehe daneben und weine.

Vor dem Uhrturm, auf der Mauer, steht jetzt ein Mann. Wird er sich hinunterstürzen, oder wird er glücklich Atem schöpfen? Vögel sitzen in dem Gebüsch und singen, in der Luft ist ein Geruch, der bei uns Frühling bedeutet und in der Steiermark vermutlich auch.

2. März 1975 (»Tagebuch«)

Biobibliographische Angaben und Annotationen des Herausgebers

ACHTERNBUSCH, HERBERT

geboren 1938 in München, aufgewachsen bei seiner Großmutter in Breitenbach b. Mietraching (Bayerischer Wald), 22jährig vom Vater adoptiert, Kunststudium in München und Nürnberg, seit 1964 Gedichtveröffentlichungen, verschiedenste Tätigkeiten, seit Anfang der 70er Jahre Schauspieler, Drehbuchautor und Filmregisseur, Beschlagnahme von »Das Gespenst« in Stuttgart, Graz und Zürich (1983), lebt in München und Oberneustift bei Rosenau (Waldviertel).

Werke: *Sechs Radierungen* (1964), *Südtyroler*. Gedichte und Siebdrucke (1966), *Hülle* (1969), *Das Kamel* (1970), *Die Macht des Löwengebrülls* (1970), *Die Alexanderschlacht* (1971), *L'Etat c'est moi* (1972), *Der Tag wird kommen*. Roman (1973), *Die Stunde des Todes*. Roman (1975), *Heart of Glass* (1976), *Land in Sicht*. Roman (1977), *Servus Bayern* (1977), *1969*. 3 Bde (1978), *Der Komantsche* (1979), *Es ist ein leichtes beim Gehen den Boden zu berühren* (1980), *Der Neger Erwin*. Filmbuch (1981), *Das Haus am Nil* (1981), *Die Olympiasiegerin* (1982), *Das letzte Loch*. Filmdrehbuch (1982), *Revolten* (1982), *Der Depp* (1983), *Hülle. Das Kamel* (1983), *Das Gespenst* (1983), *Wellen* (1983), *An der Donau* (1983), *Wind* (1984), *Wanderkrebs*. Filmbuch (1984), *Die Olympiasiegerin*. Filmbuch (1984), *Weg* (1985), *Die Föhnforscher* (1985), *Breitenbach* (1986), *Die blaue Blume* (1987), *Das Ambacher Exil* (1987), *Das Haus am Nil*. Schriften 1980–81 (1987), *Wohin?* (1988), (mit S. Negrentino:) *Duschen – Du schon* (1988), *Mixwix* (1990), *Breitenbach – Ambacher Exil – Wohin?* Trilogie (1991), *Gust* (1991), *Es ist niemand da* (1992), *Elefant als Straßenkehrer* (1992), *Stiefel und sein Socken* (1993), *Das Buch Arschi* (1994), *Was ich denke* (1995), *Hundstage* (1995), *Dschingis Khans Rache. Bayerisches Totenbuch vom 16.8.1992* (1995), *Hinundherbert. Ein immerwährender Kalender* (1996), *Ich bin ein Schaf.* Memoiren (1996), *Die Einsicht der Einsicht.* Theaterstücke (1996), *Der letzte Schliff* (1997), *Guten Morgen*. Kinderbuch (1997), *Schlag 7 Uhr*. Roman (1998), *Weiße Flecken*. Bilder (1998), *Karpfn*. Kinderbuch (1998), *Die Reise zweier Mönche*. Bilder & Geschichten (1999), *Mißlungen*. Drehbücher (1998), *Bilderzyklen und Gemälde seit 1985* (2000), *Von Andechs nach Athen*. Bilder (2001), Gesamtausgabe. Bd 1: *Die Alexanderschlacht* (2001); Theaterstücke, Hörspiele, Filmdrehbücher.

Erinnerung (S. 22)

Mit einigen Ergänzungen wurde der Text – mit der Zwischenüberschrift »Die Stunde des Todes« – übernommen für das Kapitel »Die Karawane zieht weiter« im ersten Band der aktuellen Gesamtausgabe: *Die*

Alexanderschlacht. Roman. Bd. 1. Hrsg. v. Richard Pils. Weitra: Bibliothek der Provinz 2001, S. 434–457.
1973 verfilmte der deutsche Dokumentar-Regisseur Reinhard Hauff den autobiographischen Roman des späteren Film- und TV-Autors Burghard Driest: »Die Verrohung des Franz Blum«. Driest war wegen Bankraubs 13 Monate in Untersuchungshaft und zweieinhalb Jahre im Zuchthaus gewesen und hatte in seinem ersten Roman über seine Hafterfahrungen und Mißstände im Strafvollzug berichtet. Die übrigen erwähnten Filme: »Das Schweigen« von Ingmar Bergman (1963), »Casablanca« von Michael Curtiz (1942), »Die barfüßige Gräfin« von Joseph L. Mankiewicz (1954) und »The African Queen« von John Huston (1951) mit Humphrey Bogart als dem Säufer Charlie Alnutt und Katharine Hepburn als der Missionarin Rose Sayer.

BAUER, WOLFGANG

geboren 1941 in Graz, Sohn eines Lehrerehepaars, frühes Interesse für Malerei, 1959–62 Studium der Rechtswissenschaften und dann der Romanistik, Geographie, Philosophie, Völkerkunde in Graz, ab dem WS 1962 in Wien (ohne Abschluß), seit 1961 Mitglied des »Forum Stadtpark«, 1962 erste Inszenierungen und Auftritte im »Forum Stadtpark«, Veröffentlichungen in der Zeitschrift »manuskripte«, 1962–64 in Wien Bekanntschaft u. a. mit Joe Berger, Rückkehr nach Graz, Freundschaft und Zusammenarbeit mit Peter Handke, H. C. Artmann, Alfred Kolleritsch u. a., Mitte der 60er Jahre Gemeinschaftsauftritte und Happenings mit Gunter Falk (»Happy Art & Attitude« 1965), mit der Uraufführung von »Magic Afternoon« (1968) Durchbruch als Dramatiker, 1973 Gründungsmitglied der Grazer Autorenversammlung, Arbeitsaufenthalt in Hamburg, 1973/74 und 1975/76 Kolumnist (»Wenn Sie mich fragen«) der »Kronen Zeitung«, 1974/75 Intensivierung der Filmarbeit, auch Drehbuchautor, Regisseur und Schauspieler; Zeichner, Maler und Karikaturist, seit 1992 Dozent an der Schule für Dichtung in Wien.

Werke: *Mikrodramen* (1964), *Der Fieberkopf*. Ein Roman in Briefen (1967), *Das stille Schilf. Ein schlechtes Meisterwerk* (1969), *Magic afternoon. Change. Party for Six*. Drei Stücke (1969), *Romeo und Julia*. Mikrodrama (1969), *Katharina Doppelkopf und andere Eisenbahnstücke* (1973), *Gespenster. Silvester oder Das Massaker im Hotel Sacher. Film und Frau*. Drei Stücke (1974), *Die Sumpftänzer*. Dramen, Prosa, Lyrik aus zwei Jahrzehnten (1978), *Pfnacht*. Komödie in drei Akten (1980), *Batyscaphe 17-26 oder Die Hölle ist oben*. Einakter (1980), *Woher kommen wir? Was sind wir? Wohin gehen wir?* (1981), *Das Herz*. Gedichte (1981), *Woher kommen wir? Wohin gehen wir?* Dramen und Prosa mit bisher unveröffentlichten und neuen Stücken (1982), *Ein fröhlicher Morgen beim Friseur*. Text, Materialien, Fotos (1983), *In Zeiten wie diesen*. Ein Drehbuch (1983), *Herr Faust spielt Roulette* (1987), Werke. 8 Bde. (1986–1997); Hörspiele, weitere Stücke, Libretto, Filmdrehbücher.

Herbstglosse (S. 27)

BINDER, ERNST

geboren 1953 in Feldbach, seit 1973 freier Autor und Musiker, Veröffentlichung von Gedichten, Hörspielen und Prosa im ORF, Literaturzeitschriften und Anthologien, UA des Stücks »Hochzeitsnacht« 1983 an den Vereinigten Bühnen Graz, seit 1984 Arbeit am Theater, seit 1987 Leitung des »Forum Stadtpark Theater« in Graz, inszenierte an diversen Bühnen u. a. Wolfgang Bauer, Peter Handke, Ödön von Horváth, Gert Jonke, Werner Schwab, Einar Schleef, Yoko Tawada, George Tabori, seit der Spielzeit 1999/2000 fester Regisseur des Mecklenburgischen Staatstheaters Schwerin (Aufführungen von Dea Lohner, Heiner Müller, Peter Turrini), lebt in Graz und Schwerin.

Stilleben (S. 30)

Das vielzitierte Rilke-Gedicht »Herbsttag« aus dem »Buch der Bilder« beginnt folgendermaßen: »Herr, es ist Zeit. Der Sommer war sehr groß. / Leg deinen Schatten auf die Sonnenuhren, / und auf den Fluren laß die Winde los.«

BRANDSTETTER, ALOIS

geboren 1938 in Aichmühl bei Pichl, Oberösterreich, 1957 Matura am BRG Wels, Studium der Germanistik und Geschichte an der Universität Wien, 1961 mundartkundliche Dissertation, Stipendiat der DFG, Assistent, Dozent und 1971 Professor für Deutsche Philologie in Saarbrücken, seit 1974 Ordinarius für Deutsche Philologie an der Universität für Bildungswissenschaften in Klagenfurt, lebt als Altgermanist und Schriftsteller in Klagenfurt.

Werke: *Gewissenserforschung* (1969), *Über Untermieter* (1970), *Stille Größe* (1971), *Überwindung der Blitzangst.* Prosatexte (1971), *Ausfälle.* Natur- und Kunstgeschichten (1972), *Zu Lasten der Briefträger.* Roman (1974), *Der Leumund des Löwen.* Geschichten von großen Tieren und Menschen (1976), *Die Abtei.* Roman (1977), *Vom Schnee der vergangenen Jahre* (1979), *Von den Halbschuhen der Flachländer und der Majestät der Alpen.* Frühe Prosa (1980), *Die Mühle.* Roman (1981), *Über den grünen Klee der Kindheit* (1982), *Altenehrung.* Roman (1983), *Die Burg.* Roman (1986), *Landessäure.* Starke Stücke und schöne Geschichten (1986), *Kleine Menschenkunde* (1987), *So wahr ich Feuerbach heiße.* Roman (1988), *Romulus und Wörthersee.* Ein poetisches Wörterbuch (1989), *Vom Manne aus Eicha.* Roman (1991), *Vom HörenSagen.* Eine poetische Akustik (1992), *Almträume.* Eine Erzählung (1993), Schrift und Sprache. 100 Jahre Druck- und Verlagshaus Carinthia (1994), *Hier kocht der Wirt.* Roman (1995), *Schönschreiben* (1997), *Groß in Fahrt.* Roman (1998), *Meine besten Geschichten* (1999), *Die Zärtlichkeit des Eisenkeils.* Roman (2000); Herausgaben und wissenschaftliche Publikationen.

Lieber Kolleritsch! (S. 33)

Die (Selbst-)Zitate finden sich dann, geringfügig verändert, in: Alois Brandstetter: *Zu Lasten der Briefträger.* Roman. Salzburg: Residenz 1974, S. 60–63.

BUCHRIESER, FRANZ

geboren 1937 in Graz, Schauspielschule in Graz, dann Max-Reinhardt-Seminar in Wien, Schauspieler in vielen Filmen und Fernseh-Serien, als Schriftsteller Dramatiker und Jugendbuchautor, lebt in Eggersdorf b. Graz.

Werke (tw. Manuskripte): *Hans* (1973), *Der schöne große Alexander.* Eine wahre Geschichte (1975), *Olivia kann fliegen* (1976), *Das Produkt.* Ein dramatisch aufgelöster Monolog (1976), *Hanserl.* Stück (1978), *Promotion* (1979), *Mungo oder Lieb Mütterlein kannst ruhig sein.* Eine naturalistische Trivialitätenshow (1982), *Die lauten und die leisen Mörder.* Ein Liebeslied (1982).

lieb ... kannst ... sein ... (S. 37)

EICHBERGER, GÜNTER

geboren 1959 in Oberzeiring/Stmk., Studium der Germanistik und Anglistik in Graz, Promotion 1984, seit 1987 freiberuflicher Schriftsteller in Graz.

Werke: *Der Wolkenpfleger.* Roman (1988), *Gemischter Chor* (1990), *Der Doppelgänger des Verwandlungskünstlers.* Satirische Dichterporträts (1994), *Ich Fabelwesen.* Prosamosaik (1996), *Vom Heimweh der Seßhaften.* Multiple Prosa (1998), *Gesicht aus Sand.* Die unautorisierte Autobiographie (1999), *Überall im All derselbe Alltag* (2001).

Lesen Sie das nicht! (S. 40)

EIGNER, WOLF-DIETER

geboren 1952 in Radenthein, seit 1972 in Graz, Studium der Physik an der Universität Graz, Promotion 1980, Studienassistent, seit 1980 Universitätsassistent für Physikalische Chemie; 1988 bei einem Autounfall ums Leben gekommen; v. a. Lyriker.

Werk: *Spät im Traum.* Gedichte (1985).

Alle Jahre wieder (S. 44)

EISENDLE, HELMUT

geboren 1939 in Graz, nach Tätigkeiten als Telefontechniker und Werkstättenlehrer Studium der Psychologie, Philosophie und Biologie in Graz, Promotion 1970, 1970–72 Anstellung als Pharmareferent, seit 1972 freiberuflicher Schriftsteller, wechselnde Wohnsitze in Barcelona, Westberlin, München, Friaul, Triest, Amsterdam, in der Südsteiermark, seit 1993 in Wien.

Werke: *Walder oder Die stilisierte Entwicklung einer Neurose.* Ein programmiertes Lehrbuch des Josef W (1972), *Handbuch zum ordentlichen Leben oder Ein Testinstrument zur Prüfung der Anpassung an das Durchschnittsidealverhalten* (1973), *Salongespräch oder Die Chronik der geistigen Wunder schimmert fahl und zweideutig* (1974), *Fröhlichs Wirbel-*

tiergehirn oder Beiträge zu einer psychologischen Literatur (1975), *Der Irrgarten von Versailles oder Führung durch Äsops Labyrinth der Psyche* (1975), *Die Umstimmer. Szenen für Kinder, die ihre Eltern umstimmen wollen ...* (1976), *Jenseits der Vernunft oder Gespräche über den menschlichen Verstand* (1976), *Exil oder Der braune Salon.* Ein Unterhaltungsroman (1977), *Daimon & Veranda oder Gespräche eines Mädchens vor dem Tode* (1978), *Das nachtländische Reich des Doktor Lipsky.* Erzählungen (1979), *Das Verbot ist der Motor der Lust.* Essays (1980), *Mayerling. Das Drama des Hauses Habsburg.* Eine Elegie und ein Essay (1980), *Der Narr auf dem Hügel.* Landstriche, Städte, Flüsse, Dinge (1984), *Das schweigende Monster.* Prosamoritat (1981), *Ich über mich und keinen anderen* (1981), *Skinfaxi.* Ein Märchen (1983), *Vom Charlottenburger Ufer zur Monumentenstraße.* Berliner Notizen 1983 mit Zeichnungen des Autors (1983), *Die südsteirische Weinstraße.* Gedanken über einen Landstrich (1984), *Die Frau an der Grenze.* Roman (1984), *Anrufe. Der Doppelgänger. Die Verfolgung.* Drei Romane nach Giorgio Manganelli (1985), *Die Gaunersprache der Intellektuellen.* 6 Dialoge (1986), *Oh Hannah!* Roman (1988), *Anthropophagen im Abendwind* (1988), *Beiläufige Gedanken über etwas.* Essays (1989), *Die Ermordung der Mona Lisa! clamor exitosus. zermalmendes wehgeschrei* (1989); *Magische Quadrate von 1–100* (1990), *Block oder Die Melancholie.* Ein Monolog (1991), *Die vorletzte Fassung der Wunderwelt.* Eine Camouflage (1993), *Entzauberungen.* Aufsätze zu Literatur und Kunst (1994), (Hg.:) *Österreich lesen.* Texte von Artmann bis Zeemann (1995), *Der Egoist.* Roman (1996), (Hg.:) *Fremd.* Eine Anthologie (1997), *Abendsport. Zweimal.* Minutentexte (1998), *Dschungel der Liebe* (1998), *Lauf, Alter, die Welt ist hinter dir her.* Erzählung (2000), *Gut und böse sind Vorurteile der Götter.* Ein Gespräch (2002), (Hg. mit Matthias Goldmann:) *Ist mein Gehirn künstlich?* (2002); Stücke und Hörspiele.

Spontaner Brief aus Berlin (S. 48)

Der Berliner Bezugspunkt für österreichische Schriftsteller – Gerald Bisinger – wurde 1936 in Wien geboren, studierte Psychologie und Italianistik und war 1962 bis 1970 in der Lyrik-Redaktion der Wiener »Neuen Wege«. 1964 bis 1986 lebte Bisinger in Berlin, war dort Mitarbeiter des »Literarischen Colloquiums« und von 1980 bis 1986 Redakteur der Zeitschrift »Literatur im technischen Zeitalter«. Er übersiedelte dann wieder nach Wien, wo er bis zu seinem Tod im Februar 1999 lebte. Im Grazer Verlag Droschl erschienen an Gedichtbänden »Am frühen Lebensabend« (1987), »Ein alter Dichter« (1998), »Dieser Tratsch« (1999) und »Im siebenten Jahrzehnt« (2000).
Das Gedicht »Ort der Versammlung« von Nicolas Born ist abgedruckt in: Gedichte. 1967–1978. Reinbek: Rowohlt 1978, S. 133.

Sanfte Tage in Triest (S. 52)
Steirischer Morgen (S. 56)

ERNST, GUSTAV

geboren 1944 in Wien, Studium der Philosophie, Psychologie, Geschichte und Germanistik an der Universität Wien, Mitbegründer und Mitherausgeber der Literaturzeitschrift »Wespennest«, 1997 Gründer und seitdem mit Karin Fleischanderl Mitherausgeber der Literaturzeitschrift »kolik«, lebt in Wien.

Werke: *Plünderung*. Prosa, Gedichte (1970), *Am Kehlkopf*. Vier Geschichten und ein Stück (1974), *Einsame Klasse*. Roman (1979), *Frühling in der Via Condotti*. Roman (1987), *Trennungen*. Roman (2000); Theaterstücke: *Ein irrer Haß* (1980), *Herzgruft* (1988), *Tausend Rosen* (1990), *Faust* (1995), *Strip* (2001); Hörspiele; Filmdrehbücher, u.a. (mit Franz Novotny:) *Exit – Nur keine Panik* (1980).

Worüber ich von Zeit zu Zeit wenigstens bestürzt bin (S. 60)

Beim »Fall Larcher« handelt es sich um eine Auseinandersetzung zwischen der Tiroler Schulbehörde und der Hauptschullehrerin Dr. Agnes Larcher, die aufgrund ihres Eintretens für die schulische Lektüre von Franz Xaver Kroetz (»Stallerhof«, »Geisterbahn«) vorerst entlassen wurde. Nach einer überregional in vielen Medien ausgetragenen Debatte und unterstützenden Erklärungen u. a. von Heinrich Böll und Karl Rahner kam es schlußendlich nach einem Verfahren vor dem Arbeitsgericht zur Wiedereinstellung.

FALK, GUNTER

geboren 1942 in Graz, 1961–1966 Studium der Mathematik, Physik, Psychologie, Biologie, Philosophie und Soziologie an der Universität Graz, Kontakt und gemeinsame Projekte mit Wolfgang Bauer und anderen Autoren rund um das »Forum Stadtpark«, 1967 Promotion mit einer Arbeit zum Thema »Spielsysteme und Spielverhalten«, 1967–1969 Universitätsassistent für Soziologie in Wien, dann in Graz, 1978 Leiter der Abteilung »Soziale Institutionen«, 1979 (erfolglose) Teilnahme am

»Bachmann-Wettbewerb«, 1981 Habilitation, im Sommersemester 1982 Gastdozent an der Universität Klagenfurt, stirbt am Christtag 1983 in Graz.

Werke: *Der Pfau ist ein stolzes Tier. Be-deutungs-mode-lle* (1965), *Die Würfel in manchen Sätzen.* Alle Texte 1961–1977 in zur Chronologie umgekehrter Reihenfolge (1977), *Die dunkle Seite des Würfels.* Alle Texte 1977–1983 in zur Chronologie umgekehrter Reihenfolge (1983).

Tagebuch eines Alltags. 1. Morgen (S. 63)
Landleben – City Life (S. 66)

FRISCHMUTH, BARBARA

geboren 1941 in Altaussee, ab Jänner 1958 Mittelschule in Graz, Matura und erster literarischer Auftritt 1959, Dolmetschstudium an der Universität Graz ab 1959, bis 1961 Englisch und Türkisch, neunmonatiger Studienaufenthalt in Erzurum, Diplom in Türkisch 1963, 1963/64 Ungarisch-Studium in Debrecen, 1964 Abschluß als akademisch geprüfte Übersetzerin, 1964–66 Studium der Orientalistik in Wien, seit 1966 hauptberufliche Schriftstellerin und Übersetzerin, lebt in Altaussee.

Werke: *Die Klosterschule* (1968), *Amoralische Kinderklapper* (1969), *Der Pluderich* (1969), *Geschichten für Stanek* (1969), *Philomena Mückenschnabel* (1970), *Polsterer* (1970), *Tage und Jahre.* Sätze zur Situation (1971), *Die Prinzessin in der Zwirnspule und andere Puppenspiele für Kinder* (1972), *Ida – und Ob* (1972), *Rückkehr zum vorläufigen Ausgangspunkt.* Erzählungen (1973), *Das Verschwinden des Schattens in der Sonne* (1973), *Haschen nach Wind.* Erzählungen (1974), *Grizzly Dickbauch und Frau Nuffl* (1975), *Die Mystifikationen der Sophie Silber.* Roman (1976), *Amy oder die Metamorphose.* Roman (1978), *Entzug – Ein Menetekel der zärtlichsten Art* (1979), *Kai und die Liebe zu den Modellen.* Roman (1979), *Bindungen.* Erzählung (1980), *Landschaft für Engel* (1981), *Der liebe Augustin* (1981), *Die Ferienfamilie.* Roman (1981), *Die Frau im Mond.* Roman (1982), *Vom Leben des Pierrot.* Erzählungen (1982), *Traumgrenze.* Erzählungen (1983), *Kopftänzer.* Roman (1984), *Herrin der Tiere.* Erzählung (1986), *Über die Verhältnisse.* Roman (1987), *Mörderische Märchen.* Erzählungen (1989), *Einander Kind.* Roman (1990), *Biberzahn und der Khan der Winde* (1990), *Sommersee* (1991), *Mister Rosa oder Die Schwierigkeit, kein Zwerg zu sein.* Spiel für einen Schauspieler (1991),

Traum der Literatur – Literatur des Traums. Münchner Poetik-Vorlesungen (1991), *Wassermänner. Lesestücke aus Seen, Wüsten und Wohnzimmern* (1991), *Machtnix oder Der Lauf, den die Welt nahm.* Eine Bildergeschichte (1993), *Gutenachtgeschichte für Maria Carolina.* Bilderbuch (1994), *Hexenherz.* Erzählungen (1994), *Vom Mädchen, das übers Wasser ging* (1996), *Donna & Dario* (1997), *Die Schrift des Freundes.* Roman (1998), *Fingerkraut und Feenhandschuh.* Ein literarisches Gartentagebuch (1999), *Das Heimliche und das Unheimliche.* Drei Reden (1999), *Die Geschichte vom Stainzer Kürbiskern* (2000), *Alice im Wunderland* (2000), *Schamanenbaum.* Gedichte (2001), *Die Entschlüsselung* (2001); Stücke, Hörspiele, Filmdrehbücher.

Zeitgenossen (S. 70)
Graz, wie es bleibt und sich bläht ... (S. 74)

GRUBER, REINHARD PETER

geboren 1947 in Fohnsdorf, Gymnasium in Judenburg, ab 1966 Studium der Psychologie an der Universität Wien, ab 1967 zwei Jahre als Novize (Benediktiner) im »Schottenstift«, nach dem Austritt 1968 Studium der Theologie, Philosophie und Politologie; 1970 Mitbegründer der Gruppe »Frischfleisch«, 1973 nach Graz, freier Schriftsteller und hier bis 1977 Kulturredakteur bei der »Kronen Zeitung«, seit 1978 freier Schriftsteller in Stainz.

Werke: *Alles über Windmühlen.* Essay (1971), *Aus dem Leben Hödlmosers.* Ein steirischer Roman mit Regie (1973), *Im Namen des Vaters.* Roman in Fortsetzungen (1979), *Ein Jodler für Johann oder Der März ist gekommen. Ein Stück Geschichte in abwechslungsreichen, humoristischen und ernsten Bildern* (1980), *Heimwärts einwärts. Die Abstände in den Beständen der Zustände* (1980), *Die grüne Madonna.* Roman (1982), *Heimatlos. Eine steirische Wirtshausoper in einem Rausch* (1985), *Die liebe Weststeiermark.* Novellen (1987), *Vom Dach der Welt.* Schicksalsnovellen (1987), *Das Schilcher ABC* (1988), *Nie wieder Arbeit. Schivkovs Botschaften vom anderen Leben* (1989), *Bei den schönsten Frauen der Welt* (1990), (mit Ludwig Harig:) *Die Negerhaftigkeit der Literatur.* Essay (1992), *Einmal Amerika und zurück.* Prosa (1993), Fritz, *das Schaf* (1996), *Die Geierwally* (1996), *Glück* (1997), Werke. 6 Bde. (1997–2001); Stücke, Drehbuch und Hörspiele.

gruber, ein leben für die heimat (S. 78)

Die beigefügten biobibliographischen Anmerkungen von 1973 kündigen jenes Buch, mit dem Gruber bekannt werden sollte, folgendermaßen an: »Im Frühjahr erscheint von ihm im Residenz Verlag Salzburg sein steirischer Roman: ›Aus dem Leben Hödlmosers‹, ein Buch für Leser, die Ludwig Ganghofer und Ernst Jandl lieben.«

Frankfurter Würstelmesse (S. 82)

Erwähnte Bücher:
Ruth Seering: *König Faisal – Koran und Öl*. Bergisch-Gladbach: Lübbe 1974.
Thornton Wilder: *Theophilus North oder ein Heiliger wider Willen*. Roman. Ins Dt. übertr. von Hans Sahl. Frankfurt/M.: S. Fischer 1974.
Peter Tompkins: *Das geheime Leben der Pflanzen. Pflanzen als Lebewesen mit Charakter und Seele und ihre Reaktionen in den physischen und emotionalen Beziehungen zum Menschen*. Freiburg: Scherz 1974.
Karl Lieffen: *Was fällt Ihnen ein, Lieffen*. Percha/Kemfenhausen: Schulz 1974.
Lilli Palmer: *Dicke Lilli – gutes Kind*. München: Droemer Knaur 1974.

Neues von Beteigeuze (S. 86)

»Beteigeuze« ist ein Schulterstern in der Konstellation Orion, einer der 20 hellsten Sterne am Himmel mit veränderlichem Durchmesser. Als »Roter Riese« ist er 300-400mal größer als die Sonne. Beteigeuze spielte immer wieder in der (Science Fiction-)Literatur eine Rolle, z. B. bei: Rolf Gardener: Raumschiff Beteigeuze (1954); Clark Darlton: Rotes Auge Beteigeuze (»Perry-Rhodan«-Serie, 1962); Beteigeuze. Science-fiction-stories (1981); Karl-Heinz Tuschel: Zielstern Beteigeuze (1982). Beim zitierten Buchtitel »Die grüne Seite« handelt es sich um den Roman von Alfred Kolleritsch (Salzburg: Residenz 1974), mit dem eigenen »grünen Buch« meint Gruber seinen »Hödlmoser«.

HARTINGER, INGRAM

geboren 1949 in Saalfelden, Studium der Romanistik und Psychologie in Salzburg, Auslandsaufenthalte in Italien, Frankreich, Südamerika, Mitarbeiter von Franco Basaglia in Triest, Veröffentlichungen seit 1970, lebt seit 1980 in Klagenfurt als Psychologe und Psychotherapeut.

Werke: *Schöner schreiben*. Prosa (1986), *Feige Prosa*. Erzählungen (1988), *Roman Albino* (1990), *Unwirsch das Herz*. Gedichte (1991), *Das Auffliegen der Ohreule*. Prosa (1993), *Amagansett*. Gedichte (1994), *Hybris* (1995), (mit Lucas Cejpek:) *Feige Vera* (1995), *Sagen*. Eine Arbeit (1997), *Gelb*. Eine Eskapade (1998), *Prosawetter*. Essays (1998), *Dies die Hand*. Gedichte (1998), *Über den Versuch*. Essay (1999), *Hoffnungshund* (2001).

Sommer in Graz (S. 90)

»Ich glaube, wir müssen in der Metropole Einöden schaffen, wo die Leute ungestört schreien können.« David Cooper: Der Tod der Familie. Deutsch v. Edwin Ortmann. Reinbek: Rowohlt 1972. (= das neue buch. 6.) S. 108.
Die ehemalige »Landesheil- und Pflegeanstalt Am Feldhof«, benannt nach einem Gutshof im Westen von Graz, heißt heute »Landesnervenklinik Sigmund Freud« .
Die übersetzte Verszeile aus Bob Dylans Song »All Along the Watchtower« von der LP »John Wesley Harding« (1967) lautet im Original: »There are many here among us who feel that life is but a joke.«

HAUSMANN, RAOUL

geboren 1886 in Wien, 1900 Übersiedlung nach Berlin, ab 1910 Arbeit an Ölbildern und Holzschnitten, um 1915 Mitarbeit an expressionistischen Zeitschriften (»Der Sturm«, »Die Aktion«), 1918 Mitbegründer der Berliner DADA-Bewegung und Aktivitäten in der Berliner Dadaistenszene, Entwicklung phonetischer Gedichte und objektlos-abstrakter Dichtung, 1919/20 Herausgeber der Zeitschrift »DER DADA« in Berlin, 1922 Aufgabe der Malerei – Collagen, Photomontagen, ab 1926 Arbeit am Roman »Hyle«, 1933 Flucht vor den Nationalsozialisten nach Ibiza, 1936 nach Zürich, 1937 Prag, dann nach Paris, dort ab 1938 Arbeit als Photograph, 1939 Flucht vor den deutschen Truppen in das (unbesetzte) Dorf Peyrat-le-Chateau, seit 1944 in Limoges, wieder Maler, 1948 Veröffentlichung von Artikeln zur modernen Poesie, 1959 Organisation einer großen DADA-Ausstellung in Amsterdam, veröffentlichte seit 1963 in den »manuskripten«, verstorben 1971 in Limoges.

Werke: *Hurrah! Hurrah! Hurrah!* 12 Satiren (1921), *Traité de questions sans solutions importantes* (1957), *Courrier Dada* (1958), *Affiche* (1961), *Poemes et Bois* (1961), *Siebensachen* (1961), (mit Kurt Schwitters:) *PIN and the story of PIN* (1962), *Sprechspäne* (1962), *Mélanographie* (1968), *Hyle*. Ein Traumsein in Spanien (1969), *La sensoralité excentrique* (1970), *5 ver-*

schiedene Dada Manifeste (1970), *Saɥemorcim* (1971), *Am Anfang war Dada* (1972), *Die Sprache der Fische und der Vögel und die Phonie* (1977), *Kamerafotografien 1927–1957* (1979), *Bilanz der Feierlichkeit.* Texte bis 1933. Bd. 1 (1982), *Sieg Triumph Tabak mit Bohnen.* Texte bis 1933. Band 2 (1982), *rlqus* (1982), *material* (1982), *Briefe an Timm Ulrichs und andere Texte* (1985), *Geist im Handumdrehen.* Dadasophische Poesie (1989), *briefe. an otto breicha und friederike mayröcker, briefwechsel mit andreas okopenko.* mit prosa, gedichten, grafik (1990), *Elektronische Eidophonie und andere Aufsätze* (1991), *Briefwechsel mit Eugen Gomringer* (1992), *Considérations objectives sur le rôle du Dadaisme Précédé de Matériau de la peinture sculpture architecture* (1994), *La Sensoralité excentrique. Die exzentrische Empfindung* (1994), *Umbruch* (1997), *Kurt Schwitters und Raoul Hausmann schreiben im Kino eine Oper* (2001).

Aufruf zur Fantasie (S. 93)

Gerrit Thomas Rietveld (1888–1964) und Jacobus Johannes Pieter Oud (1890–1963) waren niederländische Architekten und Möbeldesigner, Mitglieder der Gruppe »De Stijl«; sie orientierten sich an den Grundsätzen des Konstruktivismus: streng geometrische Konstruktionen, Schlichtheit, Rationalismus.
Der französisch-schweizerische Architekt Le Corbusier (1887–1965), Städteplaner, Maler und Schriftsteller, war ein Wegbereiter des Purismus mit der Forderung nach kubistischen, geometrischen Formen, er entwickelte die Idee einer funktionalen »Wohnmaschine« mit pragmatischer Funktionalität für die Bewohner.

HENGSTLER, WILHELM

geboren 1944 in Graz, Studium der Rechtswissenschaften und der Rechtsphilosophie in Graz, Promotion 1969, Postgraduatestudien im IHS Wien, seit 1979 freiberuflicher Schriftsteller und Filmregisseur, lebt in Judendorf-Straßengel b. Graz.

Werke: *Aha! Mhm! Sehr gut! oder ten little imbeciles* (1973), (mit Fritz Herms:) *Kulturzehen. Kulturarbeit in Landgemeinden – am Beispiel der Liebocher Kulturwoche* (1977), *Die letzte Premiere.* Geschichten (1987), (mit Karl Stocker:) *Wallfahrt. Wege zur Kraft.* Steiermärkische Landesausstellung Stift Pöllau 30. April bis 30. Oktober 1994; Hörspiel, Features, Filmdokumentationen, Filmdrehbücher, zwei Spielfilme: »Fegefeuer« (1985), »Tief Oben« (1995).

Donald Duck (S. 97)

Unter dem Pseudonym Grobian Gans veröffentlichten Michael Czernich, Carl-Ludwig Reichert und Ludwig Moos : *Die Ducks. Psychogramm einer Sippe*. Gräfelfing b. München: Heinz Moos 1970.
Zu Brechts Thomas-Mann-Kritik: »Darum ist mir diese billige Ironie so verdächtig. Da erfindet einer im Schweiße unseres Angesichts lauter Dinge, über die er ironisch lächeln kann. Vor irgend etwas anderes auf dem Papier steht, ist dieser Herr für alle Fälle schon einmal ironisch.« Bertolt Brecht: *Übelwollender Vorschlag*. In: B. B.: *Schriften zur Literatur und Kunst I*. 1920–1932. Frankfurt/M.: Suhrkamp 1967, S. 36.
Dr. Erika Fuchs (*1906) war seit 1951 Chefredakteurin der neugegründeten deutschen »Mickymaus«. Sie übersetzte bis Mitte der 70er Jahre praktisch das gesamte Disney-Comicmaterial, das im Ehapa-Verlag veröffentlicht wurde. Aufgrund von Augenproblemen reduzierte sie ihre Übersetzungstätigkeit auf die »Mickymaus«-Auftaktgeschichten mit Donald Duck und übergab 1988 die MM-Chefredaktion.
Die von Eva Rechel-Mertens (1895–1981) besorgte Übersetzung von Marcel Proust: *Auf der Suche nach der verlorenen Zeit*. 7 Bde. Frankfurt/M./Zürich: Suhrkamp/Rascher 1953–62. Diese grundlegende Übertragung wurde später in diversen (Taschenbuch-)Ausgaben immer wieder aufgelegt.

Arbeitsmoral (S. 101)

Raymond Chandler: *Der lange Abschied*. Übers. v. Hans Wollschläger. Zürich: Diogenes 1975.
Peter Michael Lingens, geboren 1939 in Wien, ist Journalist. 1970 war er Mitbegründer, Chefredakteur und von 1975 bis 1987 Herausgeber des österreichischen Wochenmagazins »profil«.

»*Kalendergekritzel*« (S. 105)

Beim zitierten Popsong handelt es sich um »Bitter-Sweet« von »Roxy Music«. Die im Original deutschsprachigen Verszeilen vom Album »Country Life« 1974 lauten: »Nein, das ist nicht / das Ende der Welt / Gestrandet an Leben und Kunst / Und das Spiel geht weiter / Wie man weiß / noch viele Schönste ... Wiedersehn.«

HOFFER, KLAUS

geboren 1942 in Graz, Studium der Germanistik und der Anglistik, 1971 Promotion, 1973–75 erster Sekretär der »Grazer Autorenversammlung«, 1973–1980 Koreferent und 1981–1984 alleiniger Literaturreferent des Forum Stadtpark, Poetik-Dozenturen und -Vorlesungen, lebt als Schriftsteller, literarischer Übersetzer und BHS-Lehrer in Graz.

Werke: *Halbwegs. Bei den Bieresch 1* (1979), *Am Magnetberg.* Ein Fragment (1982), *Der große Potlatsch. Bei den Bieresch 2* (1983), *Methoden der Verwirrung. Betrachtungen zum Phantastischen bei Franz Kafka.* Grazer Poetik-Vorlesung (1986), *Pusztavolk* (1991); Übersetzungen von Raymond Carver, Joseph Conrad, Nadine Gordimer, Jakov Lind, Kurt Vonnegut.

[o.T.] (S. 108)

»Charlie Kappl« war ein Comic-Strip, der seit 1973 regelmäßig in der »Kronen Zeitung« erschien.
Der Text bezieht sich u. a. auf zwei von Kurt Vonneguts »Kilgore Trout«-Storys (»Pest auf Rädern« und »Der tanzende Narr«), die Hoffer allerdings entsprechend adaptiert und kontaminiert. »Pest auf Rädern« handelt von einem sterbenden Planeten namens »Lingo Drei« , dessen Bewohner »amerikanischen Automobilen ähnelten« . Die Ernährung erfolgte per »fossilem Steinöl« , »die Babys wuchsen in Öllachen heran, die aus den Motorgehäusen der Erwachsenen geflossen waren«. Kago, der Sprecher dieser Zivilisation von winzigen »Zeltodimariern«, berichtete auf der Erde mit großem Erfolg von seiner untergehenden Auto-Heimat, was die Vergiftung und fortschreitende Vernichtung der terrestrischen Lebensgrundlagen per Automobilisierung nach sich zog. Klein-Kago wurde in einer Bar in Detroit von einem betrunkenen Automobilschlosser für ein Streichholz gehalten und getötet, »indem er ihn wiederholt an der Unterseite der Theke anriß«. Vgl. Kurt Vonnegut: *Frühstück für starke Männer.* Hamburg: Hoffmann und Campe 1974, S. 36–39. Hoffers wörtliche Zitate stimmen so nicht. In »Der tanzende Narr« geht es um ein Fluggeschöpf namens Zog, das Informationen zur Krebsheilung und Kriegsvermeidung verspricht. Der Außerirdische wird allerdings bei seinem Versuch, mit den Verständigungsmitteln seines Planeten Margo (Steptanzen und Furzen) vor einem Brand zu warnen, von einem Erdbewohner mit einem Golfschläger erschlagen (vgl. ebda, S. 67).

INNERHOFER, FRANZ

geboren 1944 in Krimml/Sbg., Sohn einer Landarbeiterin und eines Großbauern, 1950–1961 Knecht auf dem väterlichen Hof, anschließend Schmiedelehre, 1964 Übersiedlung nach Salzburg, Schweißer in einer Autoreparaturwerkstatt und gleichzeitig Besuch des Gymnasiums für Berufstätige, Matura im Zweiten Bildungsweg, dann bis 1973 Studium der Germanistik und Anglistik in Salzburg, 1978 nach Arni bei Zürich, dann nach Paris; anschließend als freier Schriftsteller in Graz, 1983–1985 in Ottenberg in der Südsteiermark, 1988–1991 Buchhändler in der »Libreria Italiana« in Graz ; seit Mitte der 70er Jahre auch immer wieder in Orvieto (Umbrien), starb 2002 in Graz (Selbstmord).

Werke: *Schöne Tage.* Roman (1974), *Schattseite.* Roman (1975), *Innenansichten eines beginnenden Arbeitstages.* Originalgraphiken von Margarethe Keith (1976), *Die großen Wörter.* Roman (1977), *Der Emporkömmling.* Erzählung (1982), *Out of Arnfels.* Bilder aus Polen und Burghölzli (1989), *Orvieto.* Das Stück und seine Produktionsgeschichte (1990), *Um die Wette leben.* Roman (1993), *Scheibtruhe* (1996).

Sprache als Zuflucht (S. 112)

Karin Strucks Besprechung von »Schöne Tage« erschien unter dem Titel »Für die Arbeit gezeugt« im SPIEGEL v. 9.12.1974, Nr. 50, S. 136f.
Die Unterstützung des österreichischen Staates erfolgte durch das Staatsstipendium des Bundesministeriums für Unterricht und Kunst für Literatur 1973.
Der zitierte Artikel in den »Salzburger Nachrichten« erschien am 4.7.1974, S. 7.

JONKE, GERT

geboren 1946 in Klagenfurt, ab 1966 Studium an der Abteilung für Film und Fernsehen an der Akademie für Musik und Darstellende Kunst in Wien, ab 1968 Studium der Germanistik, Philosophie, Geschichte und Musikwissenschaft an der Universität Wien, Hörer der Akademie für Film und Fernsehen in Wien, 1970 Mitarbeit an der Hörspielabteilung des Süddeutschen Rundfunks in Stuttgart, ab 1971 DAAD-Stipendiat in Westberlin, 1977 Übersiedlung nach Wien, Stipendien in Hamburg (1981), Amsterdam (1983) und Frankfurt/Main (1985/86), 1992 Stadtschreiber in Graz, lebt in Wien.

Werke: *Geometrischer Heimatroman* (1969), *Musikgeschichte* (1970), *Weltbilder.* 49 Beschreibungen (1970), *Beginn einer Verzweiflung.* Epiloge (1970), *Glashausbesichtigung* (1970), *Die Vermehrung der Leuchttürme* (1971), *Im Inland und im Ausland auch.* Prosa. Gedichte. Hörspiel. Theaterstück (1974), *Schule der Geläufigkeit.* Erzählungen (1977), *DER FERNE KLANG.* Roman (1979), *Die erste Reise zum unerforschten Grund des stillen Horizonts. Von Glashäusern, Leuchttürmen, Windmaschinen und anderen Wahrzeichen der Gegend* (1980), *Erwachen zum großen Schlafkrieg.* Erzählung (1982), *Schule der Geläufigkeit.* Eine Erzählung. Revid. Fassung der Ausgabe 1977 (1985), *Der Kopf des Georg Friedrich Händel* (1988), *Sanftwut oder Der Ohrenmaschinist.* Eine Theatersonate (1990), *Materialien zum Stück »Sanftwut oder Der Ohrenmaschinist«* (1990), *Opus 111.* Ein Klavierstück (1993), *Gegenwart der Erinnerung.* Ein Festspiel (1995), *Ein Stoffgewitter* (1996), *Es singen die Steine.* Ein Stück Naturtheater (1998), *Himmelstraße – Erdbrustplatz oder Das System von Wien* (1999), *Insektarium* (2001); Stücke, Hörspiele, Filmdrehbücher, Libretto.

Beginnender Badetag (S. 116)

Teile dieses Textes wurden von Gert Jonke (in veränderter Form) verwendet für: Schule der Geläufigkeit. Erzählungen. Reinbek: Rowohlt 1980. (rororo. 4665.) S. 83–87.

KOLLERITSCH, ALFRED

geboren 1931 in Brunnsee bei Radkersburg, ab 1950 Studium der Germanistik, Philosophie und Anglistik, dann auch der Geschichte an der Universität Graz, 1955 Lehramtsprüfung, ab 1958 zunächst in Leibnitz, dann in Graz als Mittelschullehrer tätig (bis 1993), 1964 Promotion über Martin Heidegger, 1972–75 Lehraufträge an der Universität Graz, seit 1960 Herausgeber der Literaturzeitschrift »manuskripte«, Mitbegründer und 1968–1995 Präsident des Grazer »Forum Stadtpark«, 1972 bis 1974 Betreuung der Literaturseite »Konfrontationen«, 1974–1981 jener des »TAGEBUCH« für die steirische Ausgabe der »Kronen Zeitung«, lebt in Graz.

Werke: *Die Pfirsichtöter.* Seismographischer Roman (1972), *erinnerter zorn* (1992), *Die grüne Seite.* Roman (1974), *Von der schwarzen Kappe* (1974), *Einübung in das Vermeidbare.* Gedichte (1978), *Im Vorfeld der Augen* (1982), *Absturz ins Glück.* Gedichte (1983), *Gespräche im Heilbad*

(1985), *Landschaften*. Gedichte (1984), *Augenlust*. Gedichte (1986), *Allemann*. Roman (1989), *Überschattungen*. Gedichte (1990), *Gegenwege*. Gedichte (1991), *Über das Kindsein* (1991), *Hemler, der Vogel*. Eine Geschichte (1992), *Zwei Wege, mehr nicht*. Gedichte (1993), *Der letzte Österreicher* (1995), *Die geretteten Köche*. Ein Lust-Spiel (1997), *In den Tälern der Welt* (1999), *Die Verschwörung der Wörter*. 70 ausgewählte Gedichte (2001), *Die Summe der Tage*. Gedichte (2001), *Marginalien und Widersprüche*. Texte zu Literatur, Kultur und Politik (2001).

[o. T.] (S.120)
Südsteirisches (S. 122)

Der »Seindl« ist ein Berg (424 m) bei Klöch in der Südoststeiermark.
Julius Franz Schütz (1889–1961), gebürtiger Murecker, war Direktor der Steiermärkischen Landesbibliothek (1937–1954). Einige seiner expressionistisch anmutenden Texte wurden ab 1962 in größeren Abständen von Alfred Kolleritsch in den »manuskripten« veröffentlicht.
Ferry Radax (geb. 1932) ist ein bekannter Wiener Avantgarde-Filmemacher, der u. a. Filme über und mit Konrad Bayer, H. C. Artmann, Thomas Bernhard drehte. Die apostrophierte, bereits 1967 produzierte TV-Dokumentation über »Forum – Dichter – Stadtpark« mit Lesungsausschnitten von Artmann, Bauer, Frischmuth, Handke, Hoffer und Kolleritsch wurde erst am 13.8.1975 (!) ausgestrahlt.
Gerhard »Roths Einstein« und Reinhard P. »Grubers Hödlmoser« sind Verweise auf die entsprechenden Buchtitel dieser Autoren, vgl. die Bibliographien.

Vom Tod der Genüsse (S. 126)

Peter Fischer: *Schlaraffenland. Kochbuch für Gesellschaften, Kooperativen, Wohngemeinschaften, Kollektive und andere Menschenhaufen sowie isolierte Fresser*. Berlin: Wagenbach 1975, wörtliches Zitat S. 8, die Brecht-Zitate S. 6 und 28.

Das Leben eine Schule (S. 130)

Alfred Anderschs Buch über den Vater Heinrich Himmlers: *Der Vater eines Mörders*. Eine Schulgeschichte. Zürich: Diogenes 1980.

Zum 50. Geburtstag Alfred Kolleritschs (S. 134)

»Die Apfelspalter« – Anspielung auf: *Die Pfirsichtöter*. Seismographischer Roman. Salzburg: Residenz 1972.

Hans Synek (geb. 1947), »Stein«-Insasse, veröffentlichte in den »manuskripten« (1980), H. 69/70, S. 137f. »Gedichte«. Vom Prostituiertenmörder Jack Unterweger (1950–1994, Selbstmord) erschienen dann in den »manuskripten« von 1981 bis 1983 Auszüge aus dem autobiographischen Roman »Fegefeuer oder Die Reise ins Zuchthaus«, der 1978 von Wilhelm Hengstler verfilmt wurde.

LIND, GEORG RUDOLF

geboren 1926 in Berlin, Studium in Bonn und Köln, 1975 bis 1987 Ordinarius für romanische Philologie an der Universität Graz, dann emeritiert und nach Portugal übersiedelt, verstorben 1990 in Cascais; Nachlaßbetreuer von Fernando Pessoa.

Werke: *Jorge Guilléns »Cántico«.* Eine Motivstudie (1955), *Weltsprache Portugiesisch* (1965), *Teoria poética de Fernando Pessoa* (1970), *Estudos sobre Fernando Pessoa* (1981); Herausgeber und Übersetzer Fernando Pessoas, weiters u. a. Übersetzungen von Maria Alice Barroso, Agustina Bessa-Luís, José Condé, Vergílio Ferreira, Antonio Machado y Ruiz, Joaquim Maria Machado de Assis, Marquis de Sade, Ariano Suassuna und Dalton Trevisan.

Mundartstudien (S. 138)

Bei »Direktor S.« handelt es sich um den Historiker Prof. Peter Schall, der die Urania von 1972 bis 1987 leitete.

MATEJKA, PETER

1969–1971 Studium der Anglistik und Italianistik in Wien, 1976–78 Ausbildung zum und Tätigkeit als Versicherungskaufmann, Verlagslektor und Korrektor bei mehreren Verlagen (Fritz Molden, Carl Ueberreuter, Holzhausen, seit 1998 Werner Eichbauer), Anlageberater, Journalist, PR-Berater und Werbetexter, lebt in Wien und Stössing.
Werke: *kuby, eine schöpfung.* Aus dem Esperanto von Budak Budala (1970), (mit Hans Trummer:) *Der kleine Mirko.* Ein Mami-Roman (1974), *Der Halbmord von Gagging.* Kriminalroman (1984, NA 2000), *Die letzte Donau* (1997); Publikationen in Zeitungen und Zeitschriften (»manuskripte«, »protokolle«), verfaßte auch ein Filmdrehbuch, Stücke

und Hörspiele, 1972–1974 teilweise in Autorengemeinschaft mit Hans Trummer.

Grazer Tagebuch (S. 142)

Das Großkaufhaus mit den »schwarzgelben Plastiktragetaschen« ist die Firma Kastner & Öhler in der Sackstraße.

MAYRÖCKER, FRIEDERIKE

geboren 1924 in Wien, Kindheit im Sommer in Deinzendorf/NÖ., Kaufmännische Wirtschaftsschule, 1934 Zwangsversteigerung des elterlichen Hauses, ab 1942 Luftwaffenhelferin, war seit 1946 – dem Jahr der ersten Gedichtveröffentlichungen – Englischlehrerin an Wiener Hauptschulen (seit 1969 beurlaubt), 1950 Externistenmatura, Studium der Germanistik und Kunstgeschichte (nicht abgeschlossen), seit 1954 Freundschaft und Zusammenarbeit mit Ernst Jandl, Reisen und Lesereisen in der Bundesrepublik und der DDR, in den Niederlanden, Luxemburg, England, Frankreich, der Schweiz, Polen, der Sowjetunion, 1977 Frühpensionierung, lebt als freie Schriftstellerin und Zeichnerin in Wien.

Werke (Auswahl): *Larifari*. Ein konfuses Buch (1956), *Tod durch Musen*. Poetische Texte (1966), *Minimonsters Traumlexikon*. Texte in Prosa (1968), *Fantom Fan*. Prosa. Lyrik (1971), *Sinclair Sofokles der Baby-Saurier*. Kinderbuch (1971), (mit Ernst Jandl:) *Fünf Mann Menschen*. Hörspiel (1971), *Arie auf tönernen Füszen*. Metaphysisches Theater (1972), *Blaue Erleuchtungen*. Erste Gedichte (1972), *je ein umwölkter gipfel*. erzählung (1973), *Das Licht in der Landschaft* (1975), *Fast ein Frühling des Markus M.* (1976), (mit Ernst Jandl:) *heisze hunde* (1977), *rot ist unten* (1977), *Heiligenanstalt* (1978), *jardin pour F. M.. Hommage* (1978), *Ausgewählte Gedichte 1944–1978* (1979), *Die Abschiede*. Prosa (1980), *Bocca della Verità*. Hörspiel (1981), *Ich, der Rabe und der Mond*. Kinderbuch (1981), *Gute Nacht, guten Morgen*. Gedichte 1978–1981 (1982), *Magische Blätter*. Prosa (1983), *Reise durch die Nacht*. Prosa (1984), *Das Herzzerreißende der Dinge* (1985), *Magische Blätter II* (1986), *Winterglück*. Gedichte 1981–1985 (1986), *mein Herz mein Zimmer mein Name*. Prosa (1988), *Gesammelte Prosa 1949–1975* (1989), *Umbra. Der Schatten. Das ungewisse Garten-Werk*. Prosa zu Arbeiten von Linde Waber (1989), *Magische Blätter III*. Prosa. Essay (1991), *NADA. NICHTS*. Ein Konversationsstück (1991), *Stilleben*. Prosa (1991), *Kinder Ka-Laender, 1965*. Kinderbuch (1991), *Phobie der Wäsche*. Prosa (1992), *als es ist*. Texte zur Kunst. Kurzprosa, Gedichte, Hörspiel (1992), *Blumenwerk. ländliches Journal / Deinzendorf.* Prosa, Gedichte, Hörspiel (1992), *Das besessene Alter.* Gedichte 1986–1991 (1992), *ABC-Thriller, 1968.* Kinderbuch (1992), *Veritas.* Lyrik und Prosa 1950–1992 (1993), *BETBLUMEN. (ein) mein Lieblingstod.* Prosa (1993), *Das Alphabet der Friederike Mayröcker* (1965). *Kinderbuch* (1993), *Lection.* Prosa (1994), (mit Dieter Sperl:) *In einer Art ohne Netz.* Gespräche, Prosa (1994), *Magische Blätter IV.* Prosa. Reden (1995), *den Fliegenschrank aufgebrochen* (Bildgedichte) (1995), *Notizen auf einem Kamel.* Gedichte 1991–1996 (1996), *Rauch Schrift.* Prosa (1996), *Gala des Messers auf einer Bettdecke.* Prosa (1996), *das zu Sehende, das zu Hörende.* Hörspiel (1997), *Portrait Franz Josef Czernin.* Gedicht (1997), *Benachbarte Metalle.* Ausgewählte Gedichte (1998), *brütt oder Die seufzenden Gärten.* Prosa (1998), *blättersitten.* Prosa (1999), *Magische Blätter V.* Prosa, Hörspiel, Reden (1999), *Requiem für Ernst Jandl* (2001), *Magische Blätter. I-V* (2001), *Gesammelte Prosa.* 5 Bde (2001); Theaterstücke, Hörspiele, Fernsehfilme.

in den boxhimmel, sagte er (S. 146)

Der Text ist am 29.12.1972 entstanden und im Rahmen der »Tagebuch«-Reihe erstveröffentlicht, wurde dann (mit einigen Korrekturen) in den »manuskripten« (1974), H. 45, S. 38f. abgedruckt, in die Sammlung »rot ist unten« (Wien/München: Jugend und Volk 1977, S. 9–11) aufgenommen und ist nun in der Werkausgabe enthalten: Friederike Mayröcker: *Gesammelte Prosa I.* 1949–1977. Hrsg. v. Marcel Beyer. Frankfurt/M.: Suhrkamp 2001, S. 522–524. Mit Ausnahme von offensichtlichen Satzfehlern wird die Erstfassung beibehalten.

MIXNER, MANFRED

geboren 1947 in Graz, Studium der Germanistik und Geschichte an der Universität Graz, 1970/71 Kulturredakteur der »Neuen Zeit«, ab 1972 freier Mitarbeiter beim ORF, 1979–1984 Leiter der Kulturabteilung des Landesstudios Steiermark, ab 1984 Leiter der Abteilung »Literatur und Hörspiel« von Ö 1 in Wien, seit 1987 Leiter der Hörspielabteilung des Senders Freies Berlin.

Werke: *Peter Handke* (1977), Herausgeberschaften: *Der geschärfte Sinn.* Eine Sammlung von Texten aus dem Grazer Funkhaus (1981), *Landmassaker.* Kurzgeschichten (1986), *Hans Flesch-Brunningen: Die verführte Zeit.* Lebenserinnerungen (1988), Hörspiel-Positionen. Beiträge zu einer ästhetischen Theorie des Radios (1991), Die Welt im Trüben. [vom Fischen und Dichten] (1997).

Ein Steirer in Rendsburg (S. 150)

Der Lyriker Rudolf Stibill debütierte 1947 mit dem formstrengen Lyrikband »Vox humana«. Die Gedichtfolge mit dem Titel »Markierungen des Lebens« war 1995 erschienen, ebenso beim Grazer Verlag Styria wie die beiden autobiographischen Erinnerungsbände an seine Grazer Zeit (»Stimmen des Ungewissen«, 1992, »Atemwaage«, 1995). Stibill starb am 30. Jänner 1995 in Ostenfeld bei Rendsburg. Detaillierte biobibliographische Informationen finden sich auf den WWW-Seiten der 1998 gegründeten Rudolf Stibill Gesellschaft: http://www.stibill.de

POLLANZ, WOLFGANG

geboren 1954 in Graz, Absolvent der Pädagogischen Akademie, seit 1976 im Schuldienst (Hauptschule Wies), 1977 Mitbegründer und bis 1979 Redakteur der Zeitschrift »Sterz«, seit 1980 wieder in seinem Heimatort Wies wohnhaft, seit 1989 Mitherausgeber und Lektor der »edition kürbis«, auch Komponist.

Werke: *Von ferne der Tennessee Waltz.* Gedichte (1989), *Bewohner der Ebene.* Prosa (1989), *Das Herz des Toren.* Roman (1991), *Kleine Weinlandkunde.* Vermutungen über einen Landstrich (1991), *Länderkunde* (1993), *Kleine Geschichten.* Marginalien, Notizen, Selbstbezichtigungen (1993), *Weissenegger.* Ein kalifornischer Kurzkrimi (1994), *Das Festhalten der Bewegung.* Reisenotizen und Lomographien (1995); CDs: *Livingroom Stereo* (1996), *T.M. Downloads Instruction Manual* (1998), *ultrascope – from home* (2000); Zeitungs- und Zeitschriftenveröffentlichungen, Hörspiele, Kolumnen, Buch- u. Plattenkritiken, Texte in diversen Anthologien.

Tourrorismus (S. 154)

ROSEI, PETER

geboren 1946 in Wien, Studium der Rechtswissenschaften in Wien, 1968 Promotion, 1969-71 Kunsthändler und Privatsekretär des Malers Ernst Fuchs, seit 1972 freiberuflicher Schriftsteller, jahrelang intensives Reisen, 1975 Übersiedlung nach Bergheim bei Salzburg, Freundschaft mit H. C. Artmann, 1981 Rückkehr nach Wien, wo er heute lebt.

Werke: *Landstriche.* Erzählungen (1972), *Bei schwebendem Verfahren.* Roman (1973), *Wege.* Erzählungen (1974), *Entwurf für eine Welt ohne Menschen. Entwurf zu einer Reise ohne Ziel.* Prosa (1975), *Klotz spricht mit seinem Anwalt.* Vier Hörspiele, ein Fernsehspiel (1975), *Der Fluß der Gedanken durch den Kopf.* Logbücher (1976), *Wer war Edgar Allan?* Roman (1977), *Nennt mich Tommy* (1978), *Von Hier nach Dort.* Roman (1978), *Chronik der Versuche, ein Märchenerzähler zu werden.* Erzählungen (1979), *Alben* (1979), *Regentagstheorie.* 59 Gedichte (1979), *Das Lächeln des Jungen.* 59 Gedichte (1959), *Das schnelle Glück.* Roman (1980), *Die Milchstraße.* Sieben Bücher (1981), *Frühe Prosa* (1981), *Tage des Königs.* Drama (1982), *Versuch, die Natur zu kritisieren.* Essays (1982), *Reise ohne Ende.* Aufzeichnungsbücher (1983), *Komödie.* Prosa (1984), *Mann & Frau.* Roman (1984), *15 000 Seelen.* Roman (1985), *Franz und ich.* Erzählungen und Essays (1985), *Die Wolken.* Roman (1986), *Der Aufstand.* Roman (1987), *Unser Landschaftsbericht* (1988), *Die Schuldlosen.* Stück in vier Akten (1990), *Rebus.* Roman (1990), *Der Mann, der sterben wollte samt einer Geschichte von früher* (1991), *Die Reise.* Ein Stück (1992), *Großes Theater.* Stück (1992), *Fliegende Pfeile.* Aus den Reiseaufzeichnungen (1993), *Persona.* Roman (1995), *Beiträge zu einer Poesie der Zukunft.* Grazer Poetikvorlesung (1995), *Verzauberung.* Vier Texte (1997), *Kurzer Regentag. Aufzeichnungen* (1997), *Naturverstrickt.* Essays samt einem Duett mit Redmond O'Hanlon (1998), *Viel früher.* Gedichte (1998), *Liebe & Tod.* Roman (2000), *St. Petersburg. Paris. Tokyo ...* Reisefeuilletons (2000), *Dramatisches* (2002); Filmdrehbücher, Hörspiele.

Goodbye Vienna (S. 158)

ROTH, GERHARD

geboren 1942 in Graz, ab 1961 Studium der Medizin an der Universität Graz, 1967 Studienabbruch, Operator und anschließend Abteilungsleiter am Grazer Rechenzentrum, 1972 und 1973 Amerika-Reisen mit Wolfgang Bauer, seit 1978 freier Schriftsteller, bis 1986 in der Südsteiermark, dann Übersiedlung nach Wien, lebt seither in Wien und in der Südsteiermark.
Werke: *Der Ausbruch des Ersten Weltkriegs und andere Romane* (1972), *die autobiographie des albert einstein.* roman (1972), *Lichtenberg* (1973), *Der Wille zur Krankheit.* Roman (1973), *Der große Horizont.* Roman (1974), *Herr Mantel und Herr Hemd* (1974), *Ein neuer Morgen.* Roman (1976), *Winterreise.* Roman (1978), *Menschen. Bilder. Marionetten.* Prosa. Kurzromane. Stücke (1979), *Der stille Ozean.* Roman (1980), *On the Borderline. Grenz-*

land. A documentary record. Ein dokumentarisches Protokoll (1981), *Circus Saluti.* Erzählung (1981), (mit Peter Turrini:) *Bruno Kreisky* (1981), *Das Töten des Bussards.* Prosa (1982), *Die schönen Bilder beim Trabrennen.* (1982), *Lichtenberg. Sehnsucht. Dämmerung.* Stücke (1983), *Dorfchronik zum »Landläufigen Tod«* (1984), *Landläufiger Tod.* Roman (1984), *Erinnerungen an die Menschheit* (1985), (mit Loys Egg:) *Gsellmanns Weltmaschine* (1986), *Am Abgrund* (1986), *Der Untersuchungsrichter. Die Geschichte eines Entwurfs* (1988), *Über Bienen.* Essays (1989), *Im tiefen Österreich* (1990), *Über Bilder. Österreichische Malerei nach 1945 aus der Sammlung der Zentralsparkasse* (1990), *Die Geschichte der Dunkelheit.* Ein Bericht (1991), *Eine Reise in das Innere von Wien.* Essays (1991), *Bild-Sprache.* Österreichische Malerei nach 1945 (1992), *Die Archive des Schweigens.* 7 Bde. (1992), *Materialien zu »Die Archive des Schweigens«.* Hrsg. v. Uwe Wittstock (1992), *Der See.* Roman (1995), *Der Plan.* Roman (1998), *Der Berg.* Roman (2000).

Erste Leseerlebnisse (S. 161)

Der Beitrag wurde wiederabgedruckt in dem mittlerweile vergriffenen Band: Erste Lese-Erlebnisse. Hrsg. v. Siegfried Unseld. Frankfurt/M.: Suhrkamp 1975. (= st. 250.) S. 119–121.
Josephine Siebe (1870–1941) war eine ungemein produktive Kinderbuchautorin; »Kasperle auf Reisen« bzw. »Kasperle auf Burg Himmelhoch« erschienen erstmals 1921 bzw. 1923; »Doktor Doolittles Zirkus« des angelsächsischen Schriftstellers Hugh Lofting (1886–1947) wurde in der deutschen Übersetzung erstmals 1927 aufgelegt.

SCHMIDT, ALFRED PAUL

geboren 1941 in Wien, Kindheit bei verschiedenen Zieheltern, 1957 Verlassen des Gymnasiums, Besuch der »Höheren Bundeslehranstalt für alpenländische Landwirtschaft« in Braunberg-Irdning (Ausbildung zum Agraringenieur), dann aber in die Arbeitermittelschule in Graz, 1967 Matura, kurzzeitige Studien am Grazer Konversatorium (Baßgeige), der Soziologie und Pädagogik in Wien und Göteborg, zwei Semester an der PÄDAK in Graz, Jobs als Nachtportier, Bauarbeiter, Kameramann; seit 1974 freiberuflicher Schriftsteller, seit 1975 in Graz, Autor von Fernsehfilmen und Serien wie »Tatort«, »Peter Strohm« und »Eurocops«, lebt in Graz.

Werke: *Als die Sprache noch stumm war.* Prosa (1974), *Das Kommen des Johnnie Ray.* Roman (1976), *Geschäfte mit Charlie.* Erzählungen (1977),

Mit beiden Füßen in der Luft. Jugendroman (1977), *Fünf Finger im Wind.* Roman (1978), *Doppelte Totgeburt.* Roman (1982), *Der Sonntagsvogel.* Roman (1982), *Der wüste Atem.* Kriminalroman (1984), *Just a Gigolo.* Erzählungen (1989), *Vor dem zweiten Satz.* Roman (1992), *Hinter der Haut lauert der Tod.* Ein seismographischer Kriminalroman (1993), *Beograd-Poker.* Kriminalroman (1994), *In der Stille der Nacht* (1995), *Hiob zweiter Klasse.* Roman (1995), *Eine leichte Brise.* Roman (1999).

Schmutziger Lorbeer (S. 165)
Leben und Leiden (S. 168)
Wer schreibt, hat mehr vom Leben (S. 171)

Robert Löffler, geboren 1931 in Wien, studierte einige Semester Zeitungswissenschaft und war seit 1955 bei verschiedenen Zeitungen tätig. Seit 1960 war er mit einer täglichen Kolumne »Telemax« im »Express« vertreten, die dann 1971 von der »Kronen Zeitung« übernommen wurde.
Günther Fritsch (1926–1982), der nach 1945 literarische Versuche unternahm und auch im Dialekt schrieb, verdingte sich dann als Gerichtssaalredakteur. Ab 1961 verfaßte er dann für die »Kronen Zeitung« die tägliche Kolumne »Heiteres Bezirksgericht«.
Al Capp, eigentlich Alfred Gerald Caplin (1909–1979), feierte mit »Li'l Abner« große Erfolge, die sich in einer mehr als 40-jährigen Präsenz in Tageszeitungen manifestierten, und war auch mit Kommentaren und Meinungskolumnen sehr erfolgreich.

STRUCK, KARIN

geboren 1947 in Schlagtow/Mecklenburg (ehem. DDR), 1953 Flucht in die Bundesrepublik, Studium der Romanistik und Germanistik in Bochum, Bonn und Düsseldorf, politisches Engagement in der Friedensbewegung, seit 1973 freie Schriftstellerin, zeitweilig in Neu-Anspach/Taunus, Bischofsheim b. Hanau und in Münster ansässig, ab 1982 in Hamburg, seit 1994 in Gütersloh, seit 1998 in München.

Werke: *Klassenliebe.* Roman (1973), *Die Mutter.* Roman (1975), *Lieben.* Roman (1977), *Die liebenswerte Greisin.* Erzählung (1977), *Trennung.* Erzählung (1978), *Die Herberge.* Erzählung (1981), *Kindheits Ende.* Journal einer Krise (1982), *Zwei Frauen* (1982), *Finale.* Geschichte eines unentdeckten Pferdes (1984), *Glut und Asche.* Eine Liebesgeschichte (1985), *Bitteres Wasser* (1988), *Blaubarts Schatten.* Roman (1991), *Ich sehe mein*

Kind im Traum. Plädoyer gegen die Abtreibung (1992), *Männertreu* (1992), *Ingeborg B. Duell mit dem Spiegelbild*. Roman (1993).

Begierde auf Einzelheiten (S. 174)

TRUMMER, HANS

geboren 1947 in Bruck a. d. Mur, Studium der Publizistik und Kunstgeschichte in Graz, 1969 Übersiedlung nach Wien und Studium der Publizistik, seit 1970 freiberuflicher Schriftsteller, längere Auslandsaufenthalte: Griechenland, Spanien, USA, Lehrtätigkeit an der Ohio State University, lebt in Wien, im Waldviertel und seit 1990 einen Teil des Jahres über in Westafrika (Sénégal).

Werke: (mit Peter Matejka:) *Der kleine Mirko*. Ein Mami-Roman (1974), *proletenliebe*. ein theaterstück. (Eigenveröffentlichungen:) *seine verblüffung über die veränderung in ihrem wesen*. prosa (1974), *Versuch, sich am Eis zu wärmen*. Roman (1979), *Luises Auffahrt*. Novelle (1981), *Die dunkle Frau*. Roman (1987); verfaßte auch Filmdrehbücher, Stücke und Hörspiele, 1972–1974 teilweise in Autorengemeinschaft mit Peter Matejka.

Anmerkungen zur Kleinstadt – Am Beispiel Bruck an der Mur (S. 178)

Der Rolf-Thiele-Film mit Eva Rueber-Staier war die mit Horrorelementen angereicherte Sex-Satire »Grimms Märchen von lüsternen Pärchen« (Deutschland 1969).
Der Schlager »Mit 17 hat man noch Träume« der US-Sängerin Peggy March (eigentlich Margret Annemarie Batavio, geb. 1948) stammt aus dem Jahr 1965.
Der Titel »Sei zufrieden mit dem Heute«, der in regionalen Radioprogrammen über Jahrzehnte gern gespielt wurde, wurde 1956 vom deutschen »Rodgers Duo« aufgenommen.
»Es hieß dann einfach: der oder die HAT SCHLUSS GEMACHT. Das war der ganze Kommentar auf ein Leben. Die Leute fragten gar nicht WARUM?« Franz Innerhofer: Schöne Tage. Roman. Frankfurt/M.: Suhrkamp 1977. (= suhrkamp taschenbuch. 349.) S. 61.
Die angekündigte Verarbeitung der Jugenderinnerungen Hans Trummers erfolgte im Roman: Versuch, sich am Eis zu wärmen. Hamburg: Hoffmann & Campe 1979.

WEIBEL, PETER

geboren 1945 in Odessa, Studium der Medizin, Logik und Philosophie in Paris und Wien, Dissertation über mathematische Logik, in den 60er Jahren Mitstreiter des »Wiener Aktionismus«, 1970/71 Prozesse wegen Pornographie und Störung der öffentlichen Ordnung, 1970–73 Mitarbeit im »Arbeitskreis österreichischer Literaturproduzenten«, in den 70er Jahren mehrere Videoprojekte, Performances, Installationen und Filme in Zusammenarbeit mit der Videokünstlerin und Filmemacherin Valie Export, Lektorate, Gastprofessuren und Professuren in Wien, Halifax, Kassel, Buffalo/N.Y., 1986–95 künstlerische Beratung bzw. künstlerische Leitung der »Ars Electronica« in Linz, 1989–94 Direktor des Instituts für Neue Medien an der Städelschule in Frankfurt/Main, 1993–99 Österreich-Kommissär der Biennale von Venedig, 1993–99 künstlerischer Leiter der Neuen Galerie am Landesmuseum Joanneum in Graz, seit 1999 Vorstand des Zentrums für Kunst und Medientechnologie in Karlsruhe.

Werke: *Kritik der Kunst, Kunst der Kritik. Es says & I say* (1973), *Erweiterte Fotografie* (1981), *Mediendichtung.* Arbeiten in den Medien Sprache, Schrift, Papier, Stein, Foto, Ton, Film und Video aus 20 Jahren (1982), *Der künstliche Wille* (1984), *Im Bauch des Biestes* (1987), *Die Beschleunigung der Bilder. In der Chronokratie* (1987), *Jenseits der Erde* (1987), *Inszenierte Kunstgeschichte* (1988); *Peter Weibel. Bildwelten. 1982–1996* (1996).
Herausgeber: (mit Valie Export:) *Wien. Bildkompendium Wiener Aktionismus und Film* (1970), (mit Oswald Oberhuber:) *Österreichs Avantgarde. 1900–1938* (1976), (mit Gerhard J. Lischka:) *Im Netz der Systeme* (1989), (mit Edith Decker:) *Vom Verschwinden der Ferne. Telekommunikation und Kunst* (1990), (mit Wolfgang Drechsler:) *Bildlicht* (1991), (mit Gerhard J. Lischka:) *Feminismus und Medien* (1991), (mit C. Steinle:) *Identität – Differenz* (1992), (mit F. Stadler:) *The cultural exodus from Austria* (1993), (mit Florian Rötzer:) *Strategien des Scheins* (1993), (mit Florian Rötzer:) *Cyberspace* (1993), *Kontextkunst. the art of the 90's* (1994), *Der Pavillon der Medien. Eine neue Gleichung zwischen Kunst und Architektur* (1995), (mit Werner Hahn:) *Evolutionäre Symmetrietheorie* (1996), *Jenseits von Kunst* (1996), (mit S. Zizek:) *Inklusion: Exklusion* (1997), *Die Wiener Gruppe* (1997), *Kunst ohne Unikat* (1998), *Techno Transformationen der Kunst* (1999), *Offene Handlungsfelder* (1999), *Im Buchstabenfeld. Die Zukunft der Literatur* (2001); Drehbücher, u. a. zu den Valie-Export-Filmen »Unsichtbare Gegner« (1977) und »Menschenfrauen« (1979).

Frei fühlen (S. 182)

WEINZETTL, FRANZ

geboren 1955 in Feldbach, ab 1973 Studium der Germanistik und Geschichte in Graz, seit Mitte der 70er Jahre literarisch tätig, seit 1983 freiberuflicher Schriftsteller, Ausbildung in Klientenzentrierter Psychotherapie, lebt als Schriftsteller und Psychotherapeut in Graz.

Werke: *Auf halber Höhe*. Erzählung (1986), *Die Geschichte mit ihr*. Erzählung (1987), *Der Jahreskreis der Anna Neuherz*. Erzählung (1988), *Im Pappelschatten, Liebste*. Erzählung (1990), *Prag, Pécs, Budapest* (1993), *Zwischen Nacht und Tag* (1997), *Das Glück zwischendurch*. Prosa und Verse (2001).

Die großen und kleinen Bestürzungen (S. 186)

WIDMER, URS

geboren 1938 in Basel, Studium der Germanistik, Romanistik und Geschichte in Basel, Montpellier und Paris. 1966 Promotion mit einer Arbeit über die deutsche Nachkriegsprosa, dann Verlagslektor im Walter Verlag (Olten) und 1967/68 im Suhrkamp Verlag in Frankfurt, seit 1968 freier Schriftsteller, bis 1984 in Frankfurt, dann Rückkehr in die Schweiz, lebt seither in Zürich.

Werke: *Alois*. Erzählung (1968), *Die Amsel im Regen des Gartens*. Erzählung (1971), *Das Normale und die Sehnsucht*. Essays und Geschichten (1972), *Die lange Nacht der Detektive*. Kriminalstück in drei Akten (1973), *Die Forschungsreise*. Ein Abenteuerroman (1974), *Schweizer Geschichten* (1975), *Die gelben Männer*. Roman (1976), *Nepal*. Stück in der Basler Umgangssprache (1977), *Vom Fenster meines Hauses aus*. Prosa (1977), *Züst oder die Aufschneider*. Ein Traumspiel (1980), *Fotos* (1980), *Das Verschwinden der Chinesen im neuen Jahr* (1980), *Das Urs Widmer Lesebuch* (1980), *Das enge Land*. Roman (1981), *Liebesnacht*. Erzählung (1982), *Fernsehabend* (1983), *Die gestohlene Schöpfung*. Ein Märchen (1984), *Indianersommer* (1985), *Nepal. Der neue Noah*. Zwei Stücke (1986), *Stan und Ollie in Deutschland. Alles klar*. Zwei Stücke (1987), *Alois. Die Amsel im Regen*. Zwei Erzählungen (1988), *Auf auf, ihr Hirten! Die Kuh haut ab!* Kolumnen (1988), *Liebesnacht. Die gestohlene Schöpfung. Indianersommer* (1988), *Der Kongreß der Paläolepidopterologen*. Roman (1989), *Das Paradies des Vergessens*. Erzählung (1990), *Die sechste Puppe im Bauch der fünften Puppe im Bauch der vierten und andere Überlegungen zur*

Literatur (1991), *Der blaue Siphon.* Erzählungen (1992), *Jeanmaire* (1993), *Der Sprung in der Schüssel. Frölicher – ein Fest.* Zwei Stücke (1992), *Liebesbrief für Mary.* Erzählung (1993), *Im Kongo.* Roman (1996), *Die Tössbrücken von Winterthur* (1996), *Top Dogs* (1997), *Vor uns die Sintflut.* Geschichten (1998), *Die schwarze Spinne. Sommernachtswut.* Zwei Stücke (1998), *Züst oder Die Aufschneider* (1998), *Der Geliebte der Mutter.* Roman (2000), *Jerusalem* (2001); Übersetzungen, vor allem aus dem Französischen und Amerikanischen.

Steirisches Tagebuch (S. 190)
Fremder Stern (S. 194)

Urs Widmer spielt mit den »Kilgore-Trout«-Bearbeitungen im »Tagebuch« seines Grazer Freundes Klaus Hoffer und schreibt die Story »Pest auf Rädern« wieder um: Kago warnt nicht vor Automobilen, sondern wundert sich über die humanoiden Fortpflanzungsrituale. (Vgl. dazu die Kommentierung und die Literaturangabe bei Klaus Hoffer.)

Gesamtverzeichnis aller »Kronen-Zeitungs«-Beiträge nach Autoren

»Konfrontationen« (K) 1972–1974, »Tagebuch« 1974–1981
(Hg. Alfred Kolleritsch)

Achternbusch, Herbert: Erinnerung. 20.7.1974, S. 14. (K)
Adam, Ursula: Der Umgang mit Verwahrlosten. 23.8.1980, S. 46.
Amanshauser, Gerhard: Gasthaus »Zum gelben Teppich«. 21.1.1973, S. 13. (K)
Bauer, Johannes Bapt.: Tod und Teufel. 30.4.1978, S. 40.
Bauer, Johannes Bapt.: Autorität und Demokratie in der Kirche. 17.12.1972, S. 17. (K)
Bauer, Johannes Bapt.: Resignation. 10.8.1975, S. 28.
Bauer, Wolfgang: Herbstglosse. 12.11.1972, S. 16. (K)
Bauer, Wolfgang: Ein besonderer Kater. 5.1.1975, S. 20.
Bauer, Wolfgang: »Eine neue Ordnung«. 25.12.1976, S. 35.
Bauer, Wolfgang: Untalentiertes Weihnachtsmärchen. 25.12.1977, S. 26.
Berger, Joe: [o.T.]. 27.5.1973, S. 11. (K)
Binder, Ernst: Heimat. 25.5.1975, S. 32.
Binder, Ernst: Zirkusluft. 7.11.1976, S. 45.
Binder, Ernst: Stilleben. 12.12.1976, S. 32.
Binder, Ernst: Dobro Jutro. 9.1.1977, S. 42.
Binder, Ernst: Bemerkungen. 13.2.1977, S. 32.
Binder, Ernst: Spaziergang am Nachmittag. 24.4.1977, S. 27.
Binder, Ernst: Richtlinien für Autostopper. 7.8.1977, S. 19.
Binder, Ernst: Christiania. 11.9.1977, S. 38.
Brandstetter, Alois: [o. T.]. 22.6.1974, S. 25. (K)
Brechbühl, Beat: Abebe Bikila. 15.4.1973, S. 15. (K)
Breicha, Otto: Träume von Schale und Kern. 6.1.1973, S. 14. (K)
Buchrieser, Franz: [o. T.]. 26.8.1973, S. 12. (K)
Buchrieser, Franz: lieb ... kannst ... sein ... 8.12.1973, S. 31. (K)
Buchrieser, Franz: Wehrkraftzersetzung. 29.5.1977, S. 30.
Chobot, Manfred: das wohnzimmer. 11.5.1974, S. 20. (K)
Eichberger, Günter: Wolfgang Bauer. 29.3.1980, S. 43.
Eichberger, Günter: Nachtbuch. 23.5.1980, S. 34.
Eichberger, Günter: Lesen Sie das nicht! 27.9.1980, S. 44.
Eigner, Wolf-Dieter: Alle Jahre wieder. 6.8.1978, S. 36.
Eigner, Wolf-Dieter: Die Schulen der Angst. 15.10.1978, S. 34.
Eigner, Wolf-Dieter: Die Moral der guten Vorsätze. 6.1.1979, S. 34.
Eigner, Wolf-Dieter: Wo spart man Energie? 16.2.1980, S. 22.
Eigner, Wolf-Dieter: Auswüchse der Bürokratie. 22.3.1980, S. 44.
Eigner, Wolf-Dieter: »Caligula« oder Der Unmut zur Meinung. 17.5.1980, S. 39.
Eigner, Wolf-Dieter: Die Relativität der Maßstäbe. 16.8.1980, S. 47.
Eigner, Wolf-Dieter: Die gewinnende Art, zu spenden. 4.10.1980, S. 24.
Eigner, Wolf-Dieter: Das Prinzip Hoffnung in der Medizin. 7.2.1981, S. 40.
Eigner, Wolf-Dieter: Der maskierte Froh-Sinn. 7.3.1981, S. 36.
Eisendle, Helmut: Erklärungen zu einem Stück Theater. 8.10.1972, S. 19f. (K)

Eisendle, Helmut: Verhaltensregeln für den situationsspezifischen Bewegungsausdruck. 25.2.1973, S. 16. (K)
Eisendle, Helmut: [o.T.]. 1.7.1973, S. 17. (K)
Eisendle, Helmut: Brief aus Spanien. 11.11.1973, S. 22. (K)
Eisendle, Helmut: [o.T.]. 13.1.1974, S. 27. (K)
Eisendle, Helmut: Es war einmal ein Reiter ... 1.6.1974, S. 38. (K)
Eisendle, Helmut: Spontaner Brief aus Berlin. 14.9.1974, S. 24.
Eisendle, Helmut: Von der Unteilbarkeit des Steirischen Herbstes. 13.10.1974, S. 26.
Eisendle, Helmut: Das Wirtshaus ist der Mittelpunkt der Welt. 26.1.1975, S. 23.
Eisendle, Helmut: S-Bahn-Fahrt in der Dämmerung. 27.6.1976, S. 37.
Eisendle, Helmut: Der Rausch der Sprache. 22.4.1979, S. 38.
Eisendle, Helmut: Sanfte Tage in Triest. 30.8.1980, S. 23.
Eisendle, Helmut: Steirischer Morgen. 18.4.1981, S. 33.
Eisendle, Helbert: auszug aus einem nie erschienenen roman. 10.3.1974, S. 31. (K)
Ernst, Gustav: Worüber ich von Zeit zu Zeit wenigstens bestürzt bin. 18.11.1973, S. 27. (K)
Ernst, Gustav: Über einen guten Freund. 3.2.1974, S. 22. (K)
Falk, Gunter: Tagebuch eines Alltags. 1. Morgen. 11.10.1975, S. 62.
Falk, Gunter: Die Bedrohung des Abend- und Vaterlandes. 23.11.1975, S. 35.
Falk, Gunter: Alltagserfahrungen und die Moral moralischer Unternehmer. 18.1.1976, S. 36.
Falk, Gunter: Landleben – City Life. 30.1.1977, S. 20.
Falk, Gunter/Gruber, Reinhard P./Hengstler, Wilhelm/Jandl, Ernst/Jelinek, Elfriede/Mayröcker, Friederike/Schmidt, Alfred Paul: Zum 50. Geburtstag Alfred Kolleritschs. 14.2.1981, S. 18.
Frischmuth, Barbara: Zeitgenossen. 29.10.1972, S. 26. (K)
Frischmuth, Barbara: Marchfeld (I). 13.4.1974, S. 34. (K)
Frischmuth, Barbara: Marchfeld (II). 27.4.1974, S. 26. (K)
Frischmuth, Barbara: Marchfeld (III). 4.5.1974, S. 36. (K)
Frischmuth, Barbara: Graz wie es bleibt und sich bläht ... 18.5.1975, S. 33.
Fritz, Herms/Hengstler, Wilhelm: Kulturzehen. 22.5.1977, S. 30.
Fritz, Waltraud: Guernica 79/80. 2.2.1980, S. 21.
Fueß, Renate: Vom Träumen. 22.11.1980, S. 34.
Gordon, Harald: Wir alle waren jung. 9.8.1980, S. 46.
Grassl, Hans: Kaufzwang. 21.12.1975, S. 22.
Grassl, Hans: Von den herrschenden Zuständen. 14.3.1976, S. 44.
Grassl, Hans: Geschäfte mit der Krankheit. 5.6.1977, S. 39.
Grassl, Hans: Deine Erfahrungen. 30.10.1977, S. 38.
Grassl, Hans: Die täglichen Verwunderungen. 5.2.1978, S. 37.
Grassl, Hans: Zur Fußballweltmeisterschaft. 28.5.1978, S. 33.

Grassl, Hans: Der Rausch. 28.10.1979, S. 36.
Grassl, Hans: Straßenkünstler. 19.4.1980, S. 31.
Gruber, Reinhard P.: gruber, ein leben für die heimat. 4.2.1973, S. 21. (K)
Gruber, Reinhard P.: Bewußtseinsregeln für Steirer im Ausland. 8.4.1973, S. 29. (K)
Gruber, Reinhard P.: [o.T.]. 3.6.1973, S. 17. (K)
Gruber, Reinhard P.: [o.T.]. 9.9.1973, S. 27. (K)
Gruber, Reinhard P.: steirischer herbst. 7.10.1973, S. 27. (K)
Gruber, Reinhard P.: Frankfurter Würstelmesse. 20.10.1974, S. 26.
Gruber, Reinhard P.: Der Huntbremser. 6.4.1975, S. 32.
Gruber, Reinhard P.: Fredi und die Jubelnummer. 4.10.1975, S 62.
Gruber, Reinhard P.: »Ton läuft. Kamera ab. Aktion!«. 16.11.1975, S. 31.
Gruber, Reinhard P.: Sautanz und Sau-Terror. 25.1.1976, S. 41.
Gruber, Reinhard P.: Eisen und Stahl. 25.4.1976, S. 22.
Gruber, Reinhard P.: Heeresreform. Satirischer Entwurf einer Heeresgesetznovelle. 1.5.1977, S. 40.
Gruber, Reinhard P.: Neues von Beteigeuze. 27.11.1977, S. 30.
Gruber, Reinhard P.: Osterspesen. 26.3.1978, S. 44.
Gruber, Reinhard P.: Damals im Nebel vor Graz. 28.1.1979, S. 30.
Gruber, Reinhard P.: Gicht und Schilcher. 29.4.1979, S. 40.
Gruber, Reinhard P.: Linz retour. 5.8.1979, S. 34.
Gruber, Reinhard P.: Ein Satz zu Bronner & Co. 26.8.1979, S. 38.
Gruber, Reinhard P.: Aufbruch der Unterprivilegierten. 11.11.1979, S. 36.
Gruber, Reinhard P.: »20 Jahre Manuskripte sind genug!«. 2.12.1979, S. 36.
Gruber, Reinhard P.: Wengen, die Ausscheidung. 19.1.1980, S. 44.
Gruber, Reinhard P.: Back from the USSR. 7.6.1980, S. 35.
Gruber, Reinhard P.: Im Namen des Resthirns! 26.7.1980, S. 46.
Gruber, Reinhard P.: Am Watzmann von Sizilien. 13.9.1980, S. 35.
Gruber, Reinhard P.: »Sturm wird Meister! Setzen!«. 20.12.1980, S. 23.
Gruber, Reinhard P.: Zur Versteirerung der Welt. 8.1.1981, S. 13.
Gruber, Reinhard P.: »Faust«. Publikumserfolg mit Pferdefuß. 31.1.1981, S. 13.
Gruber, Reinhard P.: Einladung zur Folter. 11.4.1981, S. 16.
Grunwald, Henning: Zwischer – Imaginäres Tagebuch. 29.6.1974, S. 24. (K)
Haller, Rudolf: Kirchberger Impressionen. 23.9.1979, S. 38.
Handke, Peter: [o. T.]. 19.11.1972, S. 20-22. (K)
Hannes Halsmayer: Gedanken zur Werbung. 12.6.1977, S. 36.
Harig, Ludwig: Vom wunderlichen Sprechen und Schreiben. 20.4.1974, S. 18. (K)
Harig, Ludwig: Von der Einteilung der Welt. 6.7.1974, S. 24. (K)
Hartinger, Ingram: Die polemische Begegnung des Franco »Holl« mit Literaturwissenschaft und Kulturabteilung in Rauris 1973. 2.9.1973, S. 31. (K)
Hartinger, Ingram: Aus dem Tagebuch. Brescia, 30. Mai 1974. 17.8.1974, S. 14. (K)

Hartinger, Ingram: Sommer in Graz. 4.9.1977, S. 30.
Hausmann, Raoul: Aufruf zur Phantasie. 4.3.1973, S. 12. (K)
Hausmann, Raoul: Ein Kinderspiel. 22.7.1973, S. 26. (K)
Heinrichs, Hans-Jürgen: [o. T.]. 16.9.1973, S. 27. (K)
Heinrichs, Hans-Jürgen: Auf Fahrt. Schreiben und Reisen. 10.8.1974, S. 14. (K)
Hengstler, Wilhelm: Kinosterben in der Steiermark. 10.12.1972, S. 17. (K)
Hengstler, Wilhelm: Ohne Titel. 25.11.1973, S. 30. (K)
Hengstler, Wilhelm: Luftmangel. 15.6.1974, S. 24. (K)
Hengstler, Wilhelm: Hundsangst. 1.12.1974, S. 22.
Hengstler, Wilhelm: Pflegeleichte Leblosigkeit. 11.1.1975, S. 43.
Hengstler, Wilhelm: Nachrichten aus einem Katastrophengebiet. 24.8.1975, S. 32.
Hengstler, Wilhelm: Leere Kilometer. 1.11.1975, S. 36.
Hengstler, Wilhelm: Gedächtnisspuren. 7.3.1976, S. 43.
Hengstler, Wilhelm: Hunde-Leben. 11.4.1976, S. 26.
Hengstler, Wilhelm: Klassenjagd. 9.5.1976, S. 30.
Hengstler, Wilhelm: Liebocher Kulturwoche. 23.5.1976, S. 43.
Hengstler, Wilhelm: Kulturkritikkritik (Offener Brief nach Fehring). 11.7.1976, S. 27.
Hengstler, Wilhelm: Soboth. 25.7.1976, S. 33.
Hengstler, Wilhelm: Venedig 76. 26.9.1976, S. 36.
Hengstler, Wilhelm: Ich werde alt. 31.10.1976, S. 35.
Hengstler, Wilhelm: Club 2 Mode. 5.12.1976, S. 47.
Hengstler, Wilhelm: Fetzn! Baana! Olds Eisn! 6.2.1977, S. 34.
Hengstler, Wilhelm: Verletzte Helden. 6.3.1977, S. 24.
Hengstler, Wilhelm: Videoaktiv!. 10.4.1977, S. 29.
Hengstler, Wilhelm: Der heimliche Lehrplan. 31.7.1977, S. 31.
Hengstler, Wilhelm: Donald Duck. 16.10.1977, S. 24.
Hengstler, Wilhelm: »Zu vermieten«. 23.10.1977, S. 44.
Hengstler, Wilhelm: Frauenrollen auf Filmrollen. 13.11.1977, S. 36.
Hengstler, Wilhelm: Alltag in China. 11.12.1977, S. 36.
Hengstler, Wilhelm: Die Platte des neuen Jahres. 1.1.1978, S. 26.
Hengstler, Wilhelm: Wahlwerbung – kritisch. 29.1.1978, S. 30.
Hengstler, Wilhelm: Lindenbergs Lieder. 19.2.1978, S. 38.
Hengstler, Wilhelm: Arbeitsmoral. 5.3.1978, S. 34.
Hengstler, Wilhelm: UFO-Offenbarung. 9.4.1978, S. 26.
Hengstler, Wilhelm: Flimmerzwerge. 11.6.1978, S. 48.
Hengstler, Wilhelm: Das Finale. 25.6.1978, S. 37.
Hengstler, Wilhelm: Legende vom Chlor. 23.7.1978, S. 30.
Hengstler, Wilhelm: Die Kinks. 22.10.1978, S. 34.
Hengstler, Wilhelm: Modische Betrachtung. 19.11.1978, S. 34.
Hengstler, Wilhelm: Am Beispiel H. C. Artmann. 17.12.1978, S. 39.

Hengstler, Wilhelm: Die Marx-Brüder. 21.1.1979, S. 39.
Hengstler, Wilhelm: Witz und Politik (Klaus Staeck). 18.2.1979, S. 36.
Hengstler, Wilhelm: Wahlnotizen. 6.5.1979, S. 31.
Hengstler, Wilhelm: Clint Eastwood. 10.6.1979, S. 38.
Hengstler, Wilhelm: Wahnsinn nach Noten. 8.7.1979, S. 30.
Hengstler, Wilhelm: Artopische Igel. 2.9.1979, S. 36.
Hengstler, Wilhelm: Einbahnstraße Kinderspielzeug. 16.12.1979, S. 38.
Hengstler, Wilhelm: Falsche Sicherheiten. Zur Ausstellung »Im Namen des Volkes«. 27.1.1980, S. 30.
Hengstler, Wilhelm: Religionsfreiheit – Sendefreiheit. 9.3.1980, S. 35.
Hengstler, Wilhelm: Vom Tourismus. 2.8.1980, S. 46.
Hengstler, Wilhelm: Rot für Austria. Schwarz für Afrika. 25.10.1980, S. 34.
Hengstler, Wilhelm: Reagan filmt Präsident! 15.11.1980, S. 34.
Hengstler, Wilhelm: »Kalendergekritzel«. 27.12.1980, S. 11.
Hengstler, Wilhelm: Schülerselbstmord. Zum Film »Der Schüler Gerber«. 24.1.1981, S. 37.
Hengstler, Wilhelm: Jugendrevolte – Körperrevolte. 15.3.1981, S. 31.
Hengstler, Wilhelm: Architektur in Graz (Zur Ausstellung im Künstlerhaus). 2.5.1981, S. 34.
Hengstler, Wilhelm/Herms, Fritz: Holocaust schaun. 3.3.1979, S. 24.
Hoffer, Klaus: Wenn man Handkes neues Buch »Wunschloses Unglück« aufklappt. 15.10.1972, S. 25f. (K)
Hoffer, Klaus: Gitti an Oskars Klavier. Ein Silvester. 31.12.1972, S. 15. (K)
Hoffer, Klaus: Gegen die Förderung des Laienspiels. 1.4.1973, S. 17. (K)
Hoffer, Klaus: Ein Ostergruß aus dem Westen. 22.4.1973, S. 27. (K)
Hoffer, Klaus: Die Unvernünftigen sterben aus. 29.7.1973, S. 13. (K)
Hoffer, Klaus: [o.T.]. 21.9.1974, S. 29.
Hoffer, Klaus: [o.T.]. 8.12.1974, S. 16.
Hoffer, Klaus: Die grüne Seite der Provinz. 15.7.1979, S. 34.
Hohler, Franz: Wegwerfgeschichte: »Ektisch«. 18.3.1973, S. 17. (K)
Hüttenegger, Bernhard: Lagerfeuernovelle. 18.2.1973, S. 24. (K)
Hüttenegger, Bernhard: Beispiel zur Konvention. Der Gefälligkeitstrick. 29.4.1973, S. 17. (K)
Hüttenegger, Bernhard: Staatsdichter. 4.11.1973, S. 30. (K)
Hüttenegger, Bernhard: Die Überwindung der Kälte durch Zittern. 17.2.1974, S. 38. (K)
Hüttenegger, Bernhard: Eine amerikanische Strandheldin. 8.6.1974, S. 29. (K)
Hüttenegger, Bernhard: Susak. 24.8.1974, S. 33. (K)
Hüttenegger, Bernhard: Stilleben in Moskau. 2.11.1974, S. 17.
Hüttenegger, Bernhard: Weg zur steirischen Ur-Speise. 14.12.1974, S. 26.
Hüttenegger, Bernhard: Sauna-Parabel. 2.2.1975, S. 22.

Hüttenegger, Bernhard: Kleine Reise von Graz nach Babel. 23.3.1975, S. 14.
Hüttenegger, Bernhard: Keuschen-Leben. 27.4.1975, S. 26.
Hüttenegger, Bernhard: Gewöhnliche Abenteuer. 15.6.1975, S. 37.
Hüttenegger, Bernhard: Monolog eines Fußgängers. 17.8.1975, S. 26.
Hüttenegger, Bernhard: Tag für Tag. 26.10.1975, S. 35.
Hüttenegger, Bernhard: Die Biertrinker. 28.12.1975, S. 26.
Hüttenegger, Bernhard: Viel Wind in Wien. 22.2.1976, S. 28.
Hüttenegger, Bernhard: Widerspenstigkeiten. 21.3.1976, S. 37.
Hüttenegger, Bernhard: Müßiggang ist aller Träume Anfang. 6.6.1976, S. 36.
Hüttenegger, Bernhard: Das Weltbild der Hunde. 1.8.1976, S. 33.
Hüttenegger, Bernhard: Der normale Wahnsinn. 10.10.1976, S. 30.
Hüttenegger, Bernhard: Paradeflug. 21.11.1976, S. 34.
Hüttenegger, Bernhard: Selbstbespiegelung. 23.1.1977, S. 38.
Hüttenegger, Bernhard: Ein Freund von damals. 27.2.1977, S. 34.
Hüttenegger, Bernhard: Das rätselhafte Raunen im Publikum. 15.5.1977, S. 22.
Hüttenegger, Bernhard: Sehnsucht nach dem Meer. 3.7.1977, S. 34.
Hüttenegger, Bernhard: Der schnelle Körper des Autorennfahrers oder Ein Elefant im Kinderwagen. 14.8.1977, S. 26.
Hüttenegger, Bernhard: Der See in deinen Augen. Liebesbrief an die eigene Frau. 8.1.1978, S. 27.
Hüttenegger, Bernhard: Tagebuch einer Kellnerin. 19.3.1978, S. 18.
Hüttenegger, Bernhard: Sozialreportage. 23.4.1978, S. 41.
Hüttenegger, Bernhard: Die Ruhe auf dem Lande ... 2.7.1978, S. 30.
Hüttenegger, Bernhard: Arbeiten Dichter? 24.9.1978, S. 22.
Hüttenegger, Bernhard: Plötzliches Heimweh. 24.6.1979, S. 30.
Innerhofer, Franz: Sprache als Zuflucht. 3.8.1974, S. 83. (K)
Jonke, Gert F.: [o. T.]. 15.7.1973, S. 17. (K)
Jonke, Gert F.: Beginnender Badetag. 12.9.1976, S. 40.
Kein, Ernst: Ärger mit der Wirklichkeit. 31.8.1974, S. 38. (K)
Kolleritsch, Alfred: [o. T.]. 19.8.1973, S. 27. (K)
Kolleritsch, Alfred: Dialog. 23.12.1973, S. 31. (K)
Kolleritsch, Alfred: Steirischer Herbst. 5.10.1974, S. 14.
Kolleritsch, Alfred: [o.T.]. 22.12.1974, S. 27.
Kolleritsch, Alfred: Südsteirisches. 16.2.1975, S. 37.
Kolleritsch, Alfred: Sturzflüge. 4.5.1975, S. 26.
Kolleritsch, Alfred: Vom Tod der Genüsse. 6.7.1975, S. 26.
Kolleritsch, Alfred: Schande St. Leonhard. 31.8.1975, S. 42.
Kolleritsch, Alfred: Brief an das imaginäre DU. 18.12.1976, S. 20.
Kolleritsch, Alfred: Zum Tod Alfred Holzingers. 1.7.1979, S. 16.
Kolleritsch, Alfred: Nach- und Vorauswehen. Zum »steirischen herbst«. 25.11.1979, S. 28.

Kolleritsch, Alfred: Das Leben eine Schule. 20.9.1980, S. 18.
Königshofer, Ursula: Badegewäsch. Ein Rückblick auf den Sommer. 7.9.1975, S. 18.
Laederach, Jürg: Korksbeine, Pferdefüße, Friedhofsschenkel. 13.3.1977, S. 24.
Lind, Georg Rudolf: Literatur in Graz. 9.11.1975, S. 39.
Lind, Georg Rudolf: Besuch bei St. Hubertus. 1.2.1976, S. 36.
Lind, Georg Rudolf: Dorfgespräche. 4.4.1976, S. 24.
Lind, Georg Rudolf: Bei den Kroaten im Burgenland. 20.6.1976, S. 34.
Lind, Georg Rudolf: Ein Publikum verlangt nach Anerkennung. 14.11.1976, S. 42.
Lind, Georg Rudolf: Bilder einer Ausstellung. 20.2.1977, S. 40.
Lind, Georg Rudolf: Von Matura- und anderen Kränzchen. Eine Nachbetrachtung für Bevorstehendes. 8.5.1977, S. 32.
Lind, Georg Rudolf: Weinbauernsorgen. 19.6.1977, S. 30.
Lind, Georg Rudolf: Die Verklärung des Benefiziaten. 25.9.1977, S. 38.
Lind, Georg Rudolf: Das Herz des Gründers. 4.12.1977, S. 20.
Lind, Georg Rudolf: Das Maltschacher Kuriositätenkabinett. 12.2.1978, S. 26.
Lind, Georg Rudolf: Erlagscheinplage. 18.6.1978, S. 46.
Lind, Georg Rudolf: Mundartstudien. 13.8.1978, S. 34.
Lind, Georg Rudolf: Das Niccolospiel von Bad Mitterndorf. 3.12.1978, S. 36.
Lind, Georg Rudolf: Kontaktarmut – anerzogen? 10.12.1978, S. 26.
Lind, Georg Rudolf: Die steirische Weltmaschine. 11.2.1979, S. 36.
Lind, Georg Rudolf: Badgespräche in Héviz. 13.5.1979, S. 22.
Lind, Georg Rudolf: Sicherheit über alles. 12.8.1979, S. 34.
Lind, Georg Rudolf: Heimat als Reizwort. 18.11.1979, S. 36.
Lind, Georg Rudolf: Titelwut. 9.2.1980, S. 50.
Lind, Georg Rudolf: Die verkannten Nachbarn. 6.9.1980, S. 44.
Lind, Georg Rudolf: »Südlich blauer Himmel«. 11.10.1980, S. 33.
Lind, Georg Rudolf: Europas Spanischlehrer in Graz. 24.5.1981, S. 17.
Matejka, Peter: Feierabendgedanken. 3.12.1972, S. 24. (K)
Matejka, Peter: Die Überwindung der Leistungsgesellschaft. 13.5.1973, S. 18. (K)
Matejka, Peter: [o.T.]. 8.7.1973, S. 18. (K)
Matejka, Peter: Grazer Tagebuch. 16.11.1974, S. 30.
Mayröcker, Friederike: in den boxhimmel, sagte er. 14.1.1973, S. 22. (K)
Meier, Gerhard: Winterreise nach Graz. 15.4.1979, S. 44.
Meister, Ernst: Damals. 24.12.1972, S. 29. (K)
Mixner, Manfred: Berlin. 27.7.1975, S. 14.
Mixner, Manfred: Literatur ausstellen. 18.10.1975, S. 28.
Mixner, Manfred: »Oststeirische Idylle«. 8.2.1976, S. 30.
Mixner, Manfred: Ein Steirer in Rendsburg. 28.3.1976, S. 32.
Mixner, Manfred: Grazer Stadtansicht. 30.5.1976, S. 26.

Mixner, Manfred: Das Augartenbad. 18.7.1976, S. 33.
Mixner, Manfred: Kein Urlaub. 19.9.1976, S. 33.
Mixner, Manfred: Ein politischer Anspruch. 27.8.1978, S. 34.
Mixner, Manfred: Vor Angst sterben. 26.11.1978, S. 34.
Nabl, Franz: »Vaterhaus«. 22.10.1972, S. 27, 29. (K)
Nabl, Franz: [o. T.]. 11.3.1973, S. 13. (K)
Nabl, Franz: Aus »Wohnstätten«. 17.3.1974, S. 26. (K)
Nabl, Franz: Aus »Wohnstätten«. 24.3.1974, S. 26. (K)
Nager, Rose: Holz und Holz. 29.12.1974, S. 16.
Nager, Rose: »Brief aus Wundschuh«. 15.3.1975, S. 16.
Nager, Rose: Briefe aus Wundschuh (II). 20.4.1975, S. 20.
Nager, Rose: Das verfluchte Etwas. 27.9.1975, S. 30.
Pferschy, Bettina: Zum Schulschluß. 10.7.1977, S. 35.
Pollanz, Wolfgang: Grand Wazoo oder Wer ist eigentlich Frank Zappa? 25.3.1979, S. 26.
Pollanz, Wolfgang: Tourrorismus. 22.7.1979, S. 26.
Pollanz, Wolfgang: Woodstock Revival. 22.10.1979, S. 19.
Pollanz, Wolfgang: Sehnsucht nach der Stadt. 10.12.1979, S. 12.
Pollanz, Wolfgang: Marktstrategien. 15.3.1980, S. 26.
Pollanz, Wolfgang: Hobbits aus Hollywood. 5.4.1980, S. 31.
Pollanz, Wolfgang: Angst vorm Fliegen. 31.5.1980, S. 36.
Pollanz, Wolfgang: Southward Ho! 5.7.1980, S. 49.
Pollanz, Wolfgang: Spion ruft Koralle. 18.10.1980, S. 34.
Pollanz, Wolfgang: Bemerkungen eines Außerirdischen. 25.4.1981, S. 20.
Rosei, Peter: Goodbye Vienna. 3.8.1975, S. 12.
Roth, Gerhard: Ich bin ein Zuseher auf Fußballplätzen. 1.10.1972, S. 29f. (K)
Roth, Gerhard: Technik des Naturempfindens gegen Kunst der Technik. 11.2.1973, S. 16. (K)
Roth, Gerhard: Notizbuch über New York: Sonntagnachmittag. 6.5.1973, S. 20. (K)
Roth, Gerhard: New York (1). 30.3.1974, S. 30. (K)
Roth, Gerhard: New York (2). 6.4.1974, S. 30. (K)
Roth, Gerhard: Night Court. 29.9.1974, S. 30.
Roth, Gerhard: Erste Leseerlebnisse. 23.2.1975, S. 22.
Roth, Gerhard: Die Schule brennt. 29.6.1975, S. 21.
Roth, Gerhard: Erinnerung an Franz Nabl. 20.7.1975, S. 23.
Roth, Gerhard: Anmerkungen zum Freilichtmuseum Stübing. 30.8.1976, S. 12.
Roth, Gerhard: Vom Landleben in der Steiermark. 26.2.1978, S. 40.
Roth, Gerhard: Selbstgespräch (1). 6.12.1980, S. 29.
Roth, Gerhard: Selbstgespräch (2). 13.12.1980, S. 34.
Schmidt, Alfred Paul: Minutennovellen: Epos Diminuendo. 24.6.1973, S. 14. (K)

Schmidt, Alfred Paul: El Grande Del Coca Cola. 20.1.1974, S. 38. (K)
Schmidt, Alfred Paul: kansas – kitt – hydropack. 18.5.1974, S. 22. (K)
Schmidt, Alfred Paul: A Hard Days Night. 26.10.1974, S. 18.
Schmidt, Alfred Paul: Es gibt noch glückliche Grazer. 18.1.1975, S. 14.
Schmidt, Alfred Paul: Steirische Wanderungen. 13.4.1975, S. 26.
Schmidt, Alfred Paul: Theaterreform. 31.5.1975, S. 17.
Schmidt, Alfred Paul: Schmutziger Lorbeer. 13.7.1975, S. 22.
Schmidt, Alfred Paul: Leben und Leiden. 14.9.1975, S. 34.
Schmidt, Alfred Paul: Wasch mir den Pelz, aber mach ihn nicht naß. 7.12.1975, S. 31.
Schmidt, Alfred Paul: Führung durch das Burgtheater. 11.1.1976, S. 38.
Schmidt, Alfred Paul: Im Supermarkt. 29.2.1976, S. 20.
Schmidt, Alfred Paul: Inside – Information. 1.5.1976, S. 30.
Schmidt, Alfred Paul: Tapeten für den Wind. 13.6.1976, S. 44.
Schmidt, Alfred Paul: Aufsässige Überlegungen. 8.8.1976, S. 20.
Schmidt, Alfred Paul: Ein Abend in Salzburg. 3.10.1976, S. 34.
Schmidt, Alfred Paul: Wer ist Johnny? 17.10.1976, S. 34.
Schmidt, Alfred Paul: Selbstbeschimpfung eines Politikers. 27.3.1977, S. 30.
Schmidt, Alfred Paul: »Sport und Bürger«. 24.7.1977, S. 31.
Schmidt, Alfred Paul: Elvis Presley – ein Fertigprodukt des Unwirklichen. 21.8.1977, S. 26.
Schmidt, Alfred Paul: Das Elend mit der Literatur. 28.8.1977, S. 26.
Schmidt, Alfred Paul: Der Tag eines Müßiggängers. 18.9.1977, S. 42.
Schmidt, Alfred Paul: Keine Melange für Hitler. 9.10.1977, S. 38.
Schmidt, Alfred Paul: Arbeitslosigkeit oder was? 21.5.1978, S. 36.
Schmidt, Alfred Paul: Austria. – resquiescat in pacem? 16.7.1978, S. 36
Schmidt, Alfred Paul: Wer schreibt, hat mehr vom Leben. 10.9.1978, S. 42.
Schmidt, Alfred Paul: Sterben, ein faszinierender Sport. 17.9.1978, S. 26.
Schmidt, Alfred Paul: Wahlfieber. Eine Satire. 8.10.1978, S. 36.
Schmidt, Alfred Paul: Persönlichkeitsentfaltung oder persönlichkeitsentfaltung. 29.10.1978, S. 31.
Schmidt, Alfred Paul: Darf's a bißl mehr Verständnis sein? 12.11.1978, S. 36.
Schmidt, Alfred Paul: Silvesterwermut. 31.12.1978, S. 30.
Schmidt, Alfred Paul: Alternativen für wen? 14.1.1979, S. 30.
Schmidt, Alfred Paul: Masken ohne Ball. 4.2.1979, S. 42.
Schmidt, Alfred Paul: Rauschgift – Urlaub von der Wirklichkeit. 11.3.1979, S. 36.
Schmidt, Alfred Paul: Versuch über die Langeweile. 8.4.1979, S. 24.
Schmidt, Alfred Paul: Berlin Hotel Balticum Zimmer 422. 20.5.1979, S. 23.
Schmidt, Alfred Paul: Personalausweis: Schundheftl. 17.6.1979, S. 44.
Schmidt, Alfred Paul: Wörther See. 20.8.1979, S. 17.
Schmidt, Alfred Paul: Der Doktor liebt das Geld. 7.10.1979, S. 38.
Schmidt, Alfred Paul: Das Loch in der Woche. 4.11.1979, S. 37.

Schmidt, Alfred Paul: Das Kino ist ein Monitor. 6.1.1980, S. 36.
Schmidt, Alfred Paul: Antisemitismus. 12.4.1980, S. 36.
Schmidt, Alfred Paul: Freundschaft. 3.5.1980, S. 22.
Schmidt, Alfred Paul: Der Polizist. 29.6.1980, S. 36.
Schmidt, Alfred Paul: Die Führerscheinprüfung. 19.7.1980, S. 46.
Schmidt, Alfred Paul: Die Mauer. 8.11.1980, S. 36.
Schmidt, Alfred Paul: Da capo oder ein neues Jahr? 1.1.1981, S. 16.
Schmidt, Alfred Paul: Über Prag nach Berlin. 17.1.1981, S. 39.
Schmidt, Alfred Paul: Radio AKH. 21.2.1981, S. 37.
Schmidt, Alfred Paul: Skifahrt tut not. 28.2.1981, S. 24.
Schmidt, Alfred Paul: Beim Handweber. 4.4.1981, S. 24.
Schmidt, Alfred Paul: Muttertag. 10.5.1981, S. 36.
Schriber, Margret: Ankunft. 16.4.1978, S. 38.
Schriber, Margret: Das neue Bild. 7.5.1978, S. 38.
Sencnjak, Michael: Semmeringgeschichte. 28.3.1981, S. 23.
Stanzel, Regine: Das Haus am Hang. 30.3.1975, S. 13.
Stanzel, Regine: Gewöhnlicher Morgen in Graz. 8.6.1975, S. 30.
Stanzel, Regine: Wache-Nacht. 24.10.1976, S. 30.
Struck, Karin: Der Leib. 5.8.1973, S. 31. (K)
Struck, Karin: Hölderlin oder Der Genuß im Stil der neuen Zeit. 30.9.1973, S. 18. (K)
Struck, Karin: Zoobesuche. 2.12.1973, S. 36. (K)
Struck, Karin: Begierde auf Einzelheiten. 24.2.1974, S. 20. (K)
Tax, Sissi: graz gegen graz. 15.1.1978, S. 28.
Tax, Sissi/Winter, Riki: Den Koffer aus der Hand und das Wort aus dem Mund. 26.6.1977, S. 32.
Trummer, Hans: A wedding dress or something white. 26.11.1972, S. 20. (K)
Trummer, Hans: [o. T.]. 17.6.1973, S. 17. (K)
Trummer, Hans: She died without a whisper. 16.12.1973, S. 34. (K)
Trummer, Hans: Anmerkungen zur Kleinstadt – Am Beispiel Bruck an der Mur. 15.2.1976, S. 34.
Trummer, Hans: Der Traum vom Leben. 4.7.1976, S. 33.
Veit, Gi: »Der Ritt über den Bodensee«. 10.2.1974, S. 36. (K)
Walter, Daniel: Graz: Heimat »im Exil«. 18.3.1979, S. 36.
Weibel, Peter: Frei fühlen. 28.1.1973, S. 18. (K)
Weibel, Peter: gift und gegengift. 23.9.1973, S. 15. (K)
Weinzettl, Franz: [o.T.]. 8.2.1975, S. 39.
Weinzettl, Franz: Die großen und kleinen Bestürzungen. 15.8.1976, S. 18.
Weinzettl, Franz: Gewidmet Jochen Rindt, verunglückt am 5.9.1970. 9.9.1979, S. 36.
Weinzettl, Franz: Erinnerungen an das Pilzesuchen. 14.10.1979, S. 36.
Weyrauch, Wolfgang: [o. T.]. 18.4.1976, S. 30.
Widmer, Urs: Wie es sein wird. 30.12.1973, S. 27. (K)

Widmer, Urs: Namur. 25.5.1974, S. 16. (K)
Widmer, Urs: Steirisches Tagebuch. 9.11.1974, S. 30.
Widmer, Urs: Fremder Stern. 2.3.1975, S. 38.
Widmer, Urs: Erinnerung. 11.5.1975, S. 30.
Wingler, Hedwig: [o.T.]. 10.6.1973, S. 11. (K)
Wingler, Hedwig: Innerdeutscher Briefverkehr. 3.3.1974, S. 36. (K)
Wingler-Tax, Hedwig: Mehr als eine Kunsthochschule: Eine Idee. Zur Ausstellung der Bestände des Bauhaus-Archivs in Berlin. 5.11.1972, S. 19f. (K)
Wingler-Tax, Hedwig: Versuch einer Orientierung. Friedrich Nietzsche im Taschenbuchformat. 27.10.1973, S. 22. (K)
Wingler-Tax, Hedwig: Die Frage nach dem Friedhof. 13.7.1974, S. 20. (K)
Wingler-Tax, Hedwig: Unvernünftig? Vernünftig? 27.7.1974, S. 30. (K)
Wingler-Tax, Hedwig: [o. T.]. 21.9.1975, S. 44.
Wingler-Tax, Hedwig: Texte aus Österreich sind österreichisch. 16.5.1976, S. 23.
Wingler-Tax, Hedwig: Ein kleiner Brauner zu schwarzer Musik. 27.5.1979, S. 34.
Wingler-Tax, Hedwig: Verfremdung durch Konjunktiv! Die Berliner Aufführung der in den Grazer »manuskripten« erstveröffentlichten und im »steirischen herbst« uraufgeführten Sprechoper von Ernst Jandl. 1.3.1980, S. 43.
Zenker, Helmut: »Klappentext«. 27.1.1974, S. 36. (K)